U0895304

“十三五”国家重点出版物出版规划项目

|政|治|建|设|卷|

人权保障法治化及其进展

LEGALIZATION OF HUMAN RIGHTS PROTECTION AND ITS PROGRESS

蔡爱平 著

中国财经出版传媒集团
经济科学出版社
Economic Science Press

图书在版编目（CIP）数据

人权保障法治化及其进展/蔡爱平著．—北京：经济科学出版社，2020.2
（中国道路·政治建设卷）
ISBN 978-7-5218-1280-0

Ⅰ．①人…　Ⅱ．①蔡…　Ⅲ．①人权法-研究-中国　Ⅳ．①D922.74

中国版本图书馆 CIP 数据核字（2020）第 022196 号

责任编辑：孙怡虹　赵　岩
责任校对：郑淑艳
责任印制：李　鹏　范　艳

人权保障法治化及其进展
蔡爱平　著
经济科学出版社出版、发行　新华书店经销
社址：北京市海淀区阜成路甲 28 号　邮编：100142
总编部电话：010-88191217　发行部电话：010-88191522
网址：www.esp.com.cn
电子邮箱：esp@esp.com.cn
天猫网店：经济科学出版社旗舰店
网址：http://jjkxcbs.tmall.com
北京季蜂印刷有限公司印装
710×1000　16 开　16 印张　220000 字
2020 年 6 月第 1 版　2020 年 6 月第 1 次印刷
ISBN 978-7-5218-1280-0　定价：58.00 元
（图书出现印装问题，本社负责调换。电话：010-88191510）

《中国道路》丛书编委会

政治建设卷

《中国道路》丛书审读委员会

总　序

中国道路就是中国特色社会主义道路。习近平总书记指出，中国特色社会主义这条道路来之不易，它是在改革开放三十多年的伟大实践中走出来的，是在中华人民共和国成立六十多年的持续探索中走出来的，是在对近代以来一百七十多年中华民族发展历程的深刻总结中走出来的，是在对中华民族五千多年悠久文明的传承中走出来的，具有深厚的历史渊源和广泛的现实基础。

道路决定命运。中国道路是发展中国、富强中国之路，是一条实现中华民族伟大复兴中国梦的人间正道、康庄大道。要增强中国道路自信、理论自信、制度自信、文化自信，确保中国特色社会主义道路沿着正确方向胜利前进。《中国道路》丛书，就是以此为主旨，对中国道路的实践、成就和经验，以及历史、现实与未来，分卷分册做出全景式展示。

丛书按主题分作十卷百册。十卷的主题分别为：经济建设、政治建设、文化建设、社会建设、生态文明建设、国防与军队建设、外交与国际战略、党的领导和建设、马克思主义中国化、世界对中国道路评价。每卷按分卷主题的具体内容分为若干册，各册对实践探索、改革历程、发展成效、经验总结、理论创新等方面问题做出阐释。在阐释中，以改革开放四十多年伟大实践为主要内容，结合新中国成立七十年的持续探索，对中华民族近代以来发展历程以及悠久文明传承的总结，既有强烈的时代感，又有深刻的历史感召力和面向未来的震撼力。

丛书整体策划，分卷作业。在写作风格上，注重历史和现实相贯通、国际和国内相关联、理论和实际相结合，对中国道路的重大理论和实践问题做出探索；注重对中国道路的实践经验、理论创新做出求实、求真的阐释；注重对中国道路做出富有特色的、令人信服的国际表达；注重对中国道路为发展中国家走向现代化的途径、为解决人类问题所贡献的中国智慧和中国方案的阐释。

在新中国成立特别是改革开放以来我国发展取得的重大成就基础上，近代以来久经磨难的中华民族实现了从站起来、富起来到强起来的历史性飞跃，焕发出强大生机活力，迈进中国特色社会主义道路发展的新时代。在新时代建设社会主义现代化强国的新的历史征程中，中国财经出版传媒集团经济科学出版社、中国特色社会主义经济建设协同创新中心精心策划、组织编写《中国道路》丛书有着更为显著的、重要的理论意义和现实意义。

《中国道路》丛书 2015 年策划启动，2017 年开始陆续推出。丛书 2016 年列入“十三五”国家重点出版物出版规划项目、主题出版规划项目。丛书第一批，2017 年列入国家“90 种迎接党的十九大精品出版选题”；2018 年获国家出版基金资助，作为馆藏图书被大英图书馆收藏；2019 年被中宣部遴选为“书影中的 70 年·新中国图书版本展”参展图书，并入选国家社科基金中华学术外译项目推荐选题目录。丛书第二批于 2019 年陆续推出。

《中国道路》丛书编委会

2019 年 9 月

目　录

绪　论

人权保障法治化的基本问题

改革开放以后，法治建设的进程就是人权保障的进程，法治的进步亦即人权保障的进步，法治进程中的人权保障无疑是整个社会和谐稳定发展的一个极为重要的政治基础[①]。将“尊重和保障人权”载入《宪法》，在我国人权保障法治化的进程中，具有里程碑意义。以宪法保障作为人权保障的政治基础和制度前提，与国家治理的法治化进程相协调，与社会治理的法治化进程相适应，反映了法治原则在人权保障领域的基本确立。

一、法治原则的人权保障价值

基于对人类法治实践经验的总结，众多法学著作[②]对法治的内涵和本质做了理论上的概括。不管是对法律面前人人平等原则的强调，还是对专断的权力和特权的限制，最终都落脚到宪法、法律及其限制下的权力对于公民的权利和自由的保护。从这个意义上说，法治原则内含着对人权的确认和保障，法治原则的实施

---

① 宋惠昌：《法治精神：现代社会的政治信仰》，载于《理论视野》2017 年第 5 期。

② 如英国学者戴雪的《英宪精义》（1885 年），印度国际法学家会议通过的《德里宣言》（1959 年），《牛津法律大辞典》（1980 年版）等。

就是人权保障的过程。对人及其存在的价值和尊严的尊重是法治的最高价值追求。法治实践说明，在我国社会中，以民主体制为基础的法治，是公民借以维护自己的自由、尊严等权利，实现公平、正义要求的主要政治渠道和手段。

在客观上，人权保障是以制度、体制、原则、规范、准则等形式起作用的。以规则和制度创造人权得以实现的制度性条件和文化条件。其价值内核体现了“幸福感与中国梦”的人权表达。一方面，体现了以人民为中心的政治价值，在人的全面发展方面达成共识；另一方面，落脚于作为个体和共同体成员的公民的权利保护。

在现实中，公民的权利保障和社会的公平、正义要求，究竟能够在多大程度上得到实现，这取决于各种各样的主观、客观因素。其中重要的方面，是法律制度的进步和法治实践的推进。

二、人权保障法治化的核心诉求是人权保障制度的成熟与定型

人权保障制度的日益成熟和完善，成为新时期人权保障法治化的核心诉求。我国国民经济与社会发展的“十三五”规划提出，让各方面的制度更加成熟、更加定型，面对日益复杂的社会问题，建立预期和普遍性自信①，人权保障制度的成熟与定型也是其中重要的部分。这意味着构建系统完备、科学规范、运行有效的人权保障制度体系。

制度成熟背后的基本价值观应该是制度“文明”②。制度文

---

① 桑玉成、周光俊：《论制度成熟：价值品相路径》，载于《上海行政学院学报》2017 年第 5 期。

② 汪仲启：《制度成熟的关键是对“规则”形成共识》，载于《社会科学报》2017 年 4 月 20 日。

明并不仅仅是社会的有序运转，也体现为对弱者的关怀。不仅仅是共同富裕和普遍繁荣，也体现为每个人的自由而全面的发展。这首先依赖于执政党发展理念和执政理念的进步，同时需要有破除旧观念、旧体制、旧制度的智慧、勇气和行动。以制度和政策的方式去“破旧”同时“立新”，这种更迭式的制度演进路径，建立在法律意识和法律权威逐步提升的基础之上，表现为长期的、不间断的、切实的宪法和法律的完善与实现。这样的过程，可以称为“法治化”。

以宪法为基础，中国人权保障的法律体系已经取得了长足的进步。截至2018年11月，我国有一部新时期宪法，269部现行有效法律，755部行政法规，1.2万多部地方性法规。[①]《物权法》的颁布对于保障和完善中国的基本人权体系具有里程碑式的意义，《民法总则》特别强调“民法应该具有现代精神，而现代精神的核心应该体现尊重和保障人权”[②]，系统规定了民事权利。人权保障的制度日益完善与成熟。

三、人权保障制度成熟与定型的政府责任

促成人权保障制度的演化与成熟，是政府的责任。以“政府推进型”为主要特征的中国法治化路径约束下，政府责任尤其重大。法律制度及其实施所带来的法律秩序和稳定，是促进人权保障的必要条件之一。如果政府不仅不能提供这些公共物品，甚至反而成为威胁之一，那么政府的类似的失责和腐化将使得政府成

① 《回首改革浪潮　畅谈立法故事——全国人大法律委员会和常委会法制工作委员会四位老立法人接受记者集体采访发言摘登》，中国法院网，2018年12月17日，https：//www.chinacourt.org/index.php/article/detail/2018/12/id/3611587.shtml。

② 徐显明：《民法典应充分体现“尊重和保障人权”》，载于《中国人大》2016年第14期。

为人权的“侵害者”。按照联合国人权公约所确立的标准，只有当一个国家处于其本身的存在受到威胁的社会紧急状态并经正式宣布时，才能克减自己所承担的在保护公民权利和自由方面的义务。因此，政府承担制度供给并促成其实施的责任，应注意依法保护公民的权利和利益，也应是在法治原则的约束之下，比如“不得越权”。这样的过程，同样可以称为“法治化”。

对人权的尊重和保障必须转化为实在的价值和“可感知”的实践，而不仅仅是虚幻的“海市蜃楼”“空中楼阁”。1905 年 4 月 25 日，清政府颁布法令，禁止刑讯逼供，要求对被控犯罪的嫌疑人先进行调查。“充满美丽说辞的文本其实只是清朝政府的权宜之计……大部分的改革措施从未实施，清朝政府的官员们也从来没想过要真正实施。”① 中国在清政府时期就引入了人权的保障制度，但是在历史上的大多数时期，这些对人权的制度保障只是“充满美丽说辞的文本”而已。人权保障的法治化，是“纸”上的权利到“现实”中的权利的过程。不仅需将抽象的、原则的人权保护理念，转化为各领域的具体的人权保障的制度②，更需经由国家法律实施部门比如行政和司法部门落实到位，以此满足社会对人权保障的预期。

四、人权保障法治化的本土性

我国社会主要矛盾及其发展，是人权保障法治化进程的不竭动力。人民群众对保障权利的法律需求是随着社会经济发展而逐渐增长起来的。只有社会经济达到一定水平以后才能提出和落实

① 郑志刚：《晚清的“经济增长奇迹”》，载于《读书》2019 年第 2 期。
② 甄树青：《论表达自由》，社会科学文献出版社 2000 年版，第 189 页。

公民的一定权利[1]。当公民的人均收入达到2 000美元以上，他们的权利诉求就从经济权利进而发展到政治权利[2]。经过40多年的改革开放，我国社会的基本矛盾正从人民日益增长的物质文化需要和落后的社会生产之间的矛盾，转变为人民日益增长的美好生活需要与不平衡不充分的发展之间的矛盾。改革开放的过程，是人民群众权利意识的日益增长的过程，首先是与“摆脱贫困富起来”的需求相关联的经济权利，其次是发展到“生命财产安全、社会公平正义”的需求相关联的人身权、财产权等个人权利和知情权、表达权、参与权、监督权等政治权利。进入新时代以后，不平衡不充分发展的现实，表现在人权诉求方面呈现出非常复杂的局面，即经济权利诉求与政治权利诉求并存、不同群体之间的权利诉求具有一定的冲突性。这就促使人权保障的制度建设必须关注特定社会发展阶段的人权诉求，既谋求解决不平衡的问题，更关注不充分的问题。

“中国道路”是推进人权保障法治化的重要制度前提和影响因素。坚持走符合国情的人权发展道路，既是中国人权保障法治化历史经验的总结，也是必须始终坚持的基本指引。习近平总书记致信纪念《世界人权宣言》发表70周年座谈会，谈及这个问题，他指出：“中国坚持把人权的普遍性原则和当代实际相结合，走符合国情的人权发展道路，奉行以人民为中心的人权理念，把生存权、发展权作为首要的基本人权，协调增进全体人民的经济、政治、社会、文化、环境权利，努力维护社会公平正义，促进人的全面发展。”[3]

---

① 李玉琪：《宪政程度论》，载于龚祥瑞主编的《宪政的理想与现实》，中国人事出版社1995年版，第39页。

② 戚渊：《论公民权行使的条件》，载于龚祥瑞主编的《宪政的理想与现实》，中国人事出版社1995年版，第103页。

③ 《习近平致信纪念〈世界人权宣言〉发表70周年座谈会》，中国政府网，2018年12月11日，http：//www. gov. cn/xinwen/2018 -12/10/content_5347429. htm。

五、人权保障法治化的路径与方向

党的十八大以来，全面推进依法治国取得了巨大的成就。从完善立法体制和机制到推进重点领域的立法，从完善宪法实施的制度和机制，到完善法治政府、司法权力运行的制度和机制，从我们党领导制度的进一步法治化、规范化，到社会领域依法治理的有序推进，这些领域的进步都有效助推了人权保障的法治化进程。

人权保障的法律制度，从人权概念产生的社会历史过程来看，是对人身依附、政治专政和精神压迫的反抗，是公法意义上的权利，因此在宪法、刑法和诉讼法等公法上有充分体现。公法授权并约束立法、行政与司法等公权力的行使，其法律制度的核心是对于正当程序原则的尊重。在公民个体权利保护领域，私法有其先天的优越性，其人权保障法律制度有向技术性和分析性发展的趋势。基于人类共同的法律价值的认识，人权保障法律制度经由公法和私法两个领域逐步发展，并日益相互交融。在此两方面，都应当注意从我国的实际出发，并善于学习借鉴国外人权保障法律制度的先进经验。这有助于建立和发展一种维护人的尊严和自由，并且能够同世界对话与比较的中国人权理论和制度。

有效实施人权保障法律制度，物质条件和人力资源条件的充分提供是非常关键的。这不仅与经济社会发展现实状况相关，也与物质和人力提供的制度保障程度相关。曾经有一段时间，受我国经济发展水平的制约，地方财政困难、经费不足，执法和司法的投入严重不足，制约了人权保障法律的实施①。近年来，我国改革了地方司法部门的经费拨付机制，包括公检法等部门预算的

① 《法院经费得不到保障，严重影响审判工作的开展》，参见《人民法院报》1999年9月28日。

公共安全支出逐步增长，极大地改善了人权保障法律制度实施的物质条件。我国对法律职业共同体的职业化、专业化和规范化，投入了更多的资源。这个群体对于人权保障发展的贡献，应当充分肯定。

更深入、更广泛地参与全球人权治理，是构建人类命运共同体的重要内容之一，也是人权保障法治化的重要内容和方式。“尊重基本人权问题，特别是第二次世界大战以后，各国都通过宪法和国内法加以强调，成为国际社会关心事项和国际法的重要课题。”① 中国派出代表参加了《联合国宪章》和《世界人权宣言》的制定工作，也是联合国《公民权利和政治权利国际公约》和《公民经济权利和社会权利国际公约》的签字国，加入了其他 20 多个国际人权公约，并准备为进一步完善其中一些公约而努力。中国通过承担国际法义务、参与制定国际规则等法治方式积极参与到全球人权事业的发展进程中。

党的领导是中国实现人权法治化保障的最大优势。《中国共产党章程》将“全心全意为人民服务”明确为党的宗旨，习近平在党的十九大作报告时说，中国共产党人的初心和使命，就是为中国人民谋幸福，为中华民族谋复兴。正是在这个初心和使命的激励下，中国共产党人将保障人民民主，保障人民依法享有广泛的权利和自由，尊重和保障人权，作为自己的历史责任。在推进人权保障法治化的进程中，中国共产党将尊重和保障人权纳入依法治国基本方略，带头依法执政和依规治党，支持司法机关依法独立公正行使职权，加强权力的制约与监督，对党员领导干部侵犯公民人权的腐败行为予以坚决惩治，使中国人民的各项人权得到更加全面、及时、可靠和有效的法治保障。②

---

① ［日］寺泽一、山本草二著，朱奇武等译：《国际法基础》，中国人民大学出版社 1983 年版，第 25 页。

② 常健：《党的领导和带头作用是人权法治化得以落实的坚强保证》，载于《光明日报》2017 年 12 月 16 日。

第一章

人权保障制度的历史演进

人权，被称为“伟大的名词”[1]，是人类历史上“最能唤起内心激情与理想”[2] 的词汇。人权以其思想的力量和道德的魅力影响了几个世纪以来的社会政治理论，参与塑造了当今的国际格局和政治图景[3]。人权经由政治运作、法律制度和经济条件改善越来越为更多的人所实在享有，这就是人权保障制度发展的历史。

一、中国人权概念的起源与发展

在当代中国的社会政治话语里，“人权”逐渐成为一个流行的词汇。人们在不同场合和不同语境下运用这样一个概念，其内涵不尽一致甚至截然相悖[4]。造成此种情形，有复杂的历史与现实的原因。人权概念不仅是基于道德确信的价值和伦理原则，也是基于历史与文化的制度事实。在本书的语境下，关注人权在中

---

① 国务院新闻办：《中国人权状况》，人民出版社 1991 年版。

② 徐显明：《〈人权研究〉集刊序》，载于《人权研究》，山东人民出版社 2013 年版。

③ 曲相霏：《人权离我们有多远》，清华大学出版社 2015 年版，第 1 页。

④ 夏勇：《人权概念起源——权利的历史哲学》，中国社会科学出版社 2007 年版，“原版导言”第 1 页。

国的制度发展及其实现，以中国及世界的历史与文化为背景，围绕人权的制度内容，更多在法律意义上对人权进行讨论。所谓人权，是指“每个人都享有或都应该享有的权利”①。

（一）近代人权概念的西方起源

人权（human rights），其作为一项基本原则，在法国《人权宣言》（1789）等文献中率先被确定下来。该《宣言》一共十七条，宣布了“人类自然的、不可让渡的与神圣的权利”，这些权利就是自由、财产、安全和反抗压迫。并确立了近代宪法的精神和现代法治原则，以此作为人权保障的制度条件。法律面前人人平等、正当法律程序、罪刑法定、无罪推定等，这些人权保障的核心原则②，都可以在该《宣言》中看到原则的表述。

文本的宣示肇因于经济生产方式的改变。在中世纪后期，西欧社会出现了一批在法律上“独立的自由的人”，他们是脱离人身依附关系的农民、城市中的工商业者和逐步成为社会代表的资产阶级，主张摆脱和消除封建的不平等并确立平等和自由的权利，“这种要求就很自然地获得了普遍的、超出个别国家范围的性质，而自由平等也很自然地就被宣布为人权”③。英国1215年《大宪章》出现的人权的雏形，在个人权利方面表现为“未经合法判决，任何自由民人身和财产不受侵犯”。在经济生活以外，中世纪西欧社会法律生活和政治生活的契约关系和契约权利为近代人权的产生提供了有利的社会历史条件。契约权利意识的增长和实在权利的积累为人权中政治权利和思想权利的产生提供了前提。

现实人权要求的概念化，则可归功于思想家们在权利理论方

① 夏勇：《人权概念起源——权利的历史哲学》，中国社会科学出版社2007年版，“原版导言”第3页。

② 郝铁川：《论中国社会转型时期的依法治国》，载于《中国法学》2000年第2期。

③ 《马克思恩格斯全集》第3卷，人民出版社1957年版，第146页。

面的努力。其主要代表人物是荷兰的格劳秀斯、斯宾诺莎，英国的霍布斯、洛克，以及法国的伏尔泰、卢梭。他们都主张人拥有出自自然本性的平等和自由，基于人之为人的、天然的、与生俱来的不可剥夺也不可舍弃的权利，是为“人权”。而罗马法复兴及其对罗马法上权利概念的继承和改造，为近代人权概念的产生提供了法文化、法观念和法概念层面的前提。

人权概念真正在宪法性文本中被确认，还依赖于主张新权利的群体和阶级的艰苦斗争。给近现代社会带来深刻影响的法国大革命，其成果之一就是以法律宣称人权的《人权宣言》。

（二）人权概念在全球的发展

人权概念随着全球经济社会等历史条件的发展，有一个逐步发展的过程。从世界史来看，公民的人身权、财产权以及政治自由等个人权利，经济社会文化权利以及参政权等权利，不是同时出现的。在各国都有一个从消极权利到积极权利的发展过程。公民参政权在第二次世界大战以后才得到普遍的落实。

1．人权概念的发展分期

法国法学家卡雷尔·瓦萨克（Karel Vasak）提出“三代人权”说，把“人权”概念的发展区分为三代，其后为学者所广泛采用。第一代人权涉及公民权利和政治权利；第二代人权涉及经济、社会和文化权利；第三代人权则涉及集体人权。

17～18世纪的人权即第一代人权，人权的内容限于公民权利和政治权利，很少涉及经济、社会和文化方面的权利，人权观则带有浓厚的资产阶级色彩，人权主体仅限于有一定资产的白色人种，人权问题也只是一国的内政问题，人权法律制度是国内法内容之一，着重于形式上（法律上）保障人权。

第二代人权是随着西方社会主义思潮兴起而出现的，在19世纪中后期，劳工阶层、女性团体等开始争取自己的权利，人权逐渐成为社会各阶层平等享有的权利。人权着重于在实质上为个人自由之实现提供基本的社会和经济条件，人权内容涉及经济、社会和文化等方面。同时，人权问题开始从国内领域走向国际领域，在国际条约中出现了保护人权的规范。

第二次世界大战以后，伴随大批民族国家的独立，人权增加了新的内容即集体人权。集体人权把个人放在一个集体如民族、国家之中，是个人作为集体的一分子所共同享有的权利。集体人权包括自决权、发展权、和平权、环境权等。这代表了第三世界的人权观念，人权概念的内涵得到了极大的丰富。①

2. 联合国文件对人权概念的界定

1948 年联合国《世界人权宣言》形成了对人权界定的基本的国际共识。其避免争议和分歧、达成共识的基本的策略，是秉持非常实用的考虑："去发现一些保障基本权利协议的较明智的方法，并解决其实施中因智识等方面的差异所带来的困难。"在立法过程中，"人类尊严"成为核心，而"权利""自由""民主"等关键词模糊不清。这从另外一个方面说明，一个真正为国际社会所接受的人权概念还难以确立。

这种实用主义的思路一直延续下来。1977 年 12 月 16 日，联合国大会《关于人权新概念的决议案》通过，提出了"联合国系统内今后处理有关人权问题的工作办法应当考虑到的"人权概念，并期待这些概念能够有助于"联合国系统内增进人权和基本自由的切实享受所可能选择的途径、方式和方法"的改进。决议的主要内容，明确了个人和人民的一切人权和基本自由的不可剥夺，经济、社会和文化权利与公民和政治权利的同时享有，并强调了国家与国际经济和社会发展政策对人权实现的重要价值，在全球范围内应当优先和着重处理的人权问题等。决议要求考虑并

① 以上关于"三代人权"的介绍参见谭世贵主编：《国际人权公约与中国法制建设》，武汉大学出版社 2007 年版，第 1 ~2 页。

兼顾发达国家和发展中国家对人权和基本自由工作的经验和贡献[①]，这对于全面、正确理解国际人权概念具有重要意义。1986年联合国《发展权宣言》把发展权确认为一项不可剥夺的人权，这是发展中国家对全球资源重新分配的要求在人权概念上的反映，并被联合国法律文件所采纳。

（三）人权概念的中国引入

虽然有学者认为人权原理与中国传统并不相悖，甚至中国传统对发展人权理论、建设人权制度还能提供中国资源[②]，人权概念确实是由国外引入的，在19世纪末20世纪初中国积贫积弱、寻求民族自立国家富强的历史场景中传入中国。

19世纪中期，美国学者丁韪良及其助手选择“权利”这个中国古词来对译英文“rights”并说服朝廷接受它[③]。人权概念在五四运动前后，随着卢梭等启蒙思想家著作的引介翩然而至。“人权”这个词汇则是日本法学家评造而后为中国人所接受和使用的[④]。康有为和梁启超在各自的著述中将“人权”引介给国人。进入20世纪，历经辛亥革命和新文化运动，“人权”概念得到了更广泛的运用。当时中国的一些先进知识分子准确把握了人权的基本意蕴，“个人之自由权利，载诸宪章，国法不得而剥夺之，所谓人权是也”。[⑤]

自人权概念引入一直到中华人民共和国成立以前，人权概念

① 王家福、刘海年：《中国人权百科全书》，中国大百科全书出版社1998年版。

② 夏勇：《人权概念起源——权利的历史哲学》，中国社会科学出版社2007年版，第164页。

③ Ssu-yu Teng，John K. Fairbank，China's Response to West：A Documentary，Survey，1839－1923，Cambridge；Harvard University，1982，P. 98；Jerome Alan Cohen，ed，Contemporary Chinese Law：Research Problems，and Perspectives，Oxford Press，1970，P. 142.

④ ［日］实藤惠秀著，谭汝谦、林启彦译：《中国人留学日本史》，生活·读书·新知三联书店1983年版，第327页。

⑤ 陈独秀：《东西民族根本思想之差异》，载于《青年杂志》，一九一五年十二月十五日第一卷第四号。

在中国土壤上开始了自己的逐步发展的历程。曲相霏对这一历程做了历史分期的讨论①。初期，在引入人权概念的同时，学者们对中国的传统进行批判，尝试对中国传统进行创造性转化以接续传统文化。比如，梁启超先生认为，对传统的仁政进行改造，要改变其“治人者有权而治于人者无权”的状况，让人民享有权利，让政府对人民负责②。严复先生提出要有仁的制度，其基础是民权③。在其后，则发展了中国的“国家主义人权”“自由主义人权”“社会化的个人主义人权”“革命人权”“阶级性人权”等人权观念。④动荡历史中的人权概念的起伏、多舛，给予当代中国的是丰富的历史镜鉴，接续历史再出发，才能寻求人权在中国的当代意义。

（四）人权概念的中国立场

在人权概念的理解和阐释上，经过人权理论研究和人权实践发展的共同努力，中国形成了自己对于人权概念的基本立场。

1. 人权是普遍性和特殊性的统一

中国始终坚持将人权的普遍性同中国实际相结合。我们肯定人权的普遍性，主张在国际人权法范围内加强人权保障，同时也认为人权具有特殊性。各国由于历史文化、社会制度和发展水平不同而建立的人权保障制度理应受到尊重。

人权是人类的普遍权利，正如恩格斯所言“普遍的、超出个别国家”的权利，在理论上不分种族、阶级、国籍、肤色、年龄、职位、身份等，是一切人享有的。作为普遍的人类权利，人权被一切人平等而自由地享有。人权的普遍性是人权应然层面的

---

①④　曲相霏：《人权离我们有多远》，清华大学出版社 2015 年版，第 232 ~ 400 页。

②　梁启超：《论政府与人民之界限》，载于《饮冰室合集》第十册，中华书局出版社 1989 年版。

③　严复：《法意》，第十一卷第十九章，“复案”，台湾商务印书馆 1977 年版。

属性，是承认与肯定人权的底线。不承认人权的普遍性就是对人权的否定。

但是，当人权走出理论的殿堂，成为与特定社会政治经济生活相关联的、特定法律制度中的法定权利时，受现实可能性的约束，进而具有多样性和差异性的特征。这就是人权的特殊性，是人权实然层面的属性，主要是人权保障领域的属性。多样性来自人类本身的多样性，各个民族、各个国家存在很大差异。普遍的人权必须放到多样性的语境里解释才能获得真实的生命①。差异性来自不同的国家或一个国家不同的历史时期历史传统与基本国情的差异。倡导和推行人权，还是应当全面考虑一个社会的具体情况，认真研究人权与特定社会的文化传统和现实状况的关系②。

人权的特殊性并不否定人权的普遍性。人权的普遍性不是抽象的，它通过特殊性表现出来。当今全球各国的社会历史条件不同，表现出多元人权观并存的特征。同一个国家处于不同的历史阶段，其对人权概念的理解、人权价值的排序和人权实现的路径和方式上，也会显示出不同的特点和侧重。

2. 人权是自然属性和社会属性的统一

人权源于人作为人的本质属性，包括自然属性和社会属性两个方面。人的自然属性即人性，包括天性、德性、理性。人的自然属性，是人权存在与发展的内在根据。人的社会属性，是指人生活在人与人互相依存的关系中，人的思想和行为不能不受当时经济社会文化发展水平的影响，不能不受民族、宗教以及文化传统、文明程度的制约。人的社会属性是人权存在和发展的外部条件。③

---

① 夏勇:《人权概念起源——权利的历史哲学》，中国社会科学出版社 2007 年版，第 141 页。

② 夏勇:《人权概念起源——权利的历史哲学》，中国社会科学出版社 2007 年版，第 152 页。

③ 李步云:《论人权的本质》，载于《政法论坛》2004 年第 2 期。

人的自然属性的存在，是人权不断发展的动力之源。人类始终不懈地追求自由与平等，才有社会整体的发展进步。任何国家的一切制度都是为人而存在的。人权具有社会属性，即是人权无非是一定社会关系中人应当得到和实际享有的权利。这种社会性表现在人权的内容和实现程序的社会阶段性，人权行使的平等性和互不侵犯性，以及只有在社会中才能真正享有人权。因此，并没有抽象的、绝对的人权。

人的自然属性是人权产生和发展的内在依据，也是最终的目标。人的社会属性是人权产生和发展的外在条件，二者是统一的，缺一不可。只有在现实的社会关系中才能让人权的自然属性保持持续的发展。

3. 人权是权利和义务的统一

人权的实现必然以他人对人权的尊重与保障或者说不侵犯为前提和基础。马克思指出："没有无义务的权利，也没有无权利的义务。"① 没有义务的权利只能是特权，没有权利的义务只能是奴役。② 只有权利和义务的不可分离的结合，才是真正的人权。正如我国现行《宪法》规定，任何公民享有宪法和法律规定的权利，同时必须履行宪法和法律规定的义务。

对于人权概念的这一理解，与西方传统的人权概念迥异，与强调个人主义的美国对人权的理解也有很大的不同。"中国的权利在概念、范围、内容和实质意义上都不同于美国的权利。美国从个人出发，个人是社会的中心，并以个人幸福作为社会的目的。中国则从社会和集体出发，关注的是普遍（而非个人）的幸福。"③

---

① 《马克思恩格斯选集》第 2 卷，人民出版社 1995 年版，第 610 页。

② 汪进元等：《〈国家人权行动计划〉的实施保障》，中国政法大学出版社 2014 年版。

③ ［美］路易斯·亨金著，信春鹰等译：《权利的时代》，知识出版社 1997 年版，第 231 ~232 页。

人权是权利和义务的统一，意味着公民享有和行使权利的时候应当履行相应的义务，也只有在履行义务的同时才能享有和行使权利。在具体的制度设计中，设定某项人权，就会相应地设定某项义务。人权直接体现法律的价值目标，而义务则保障法定人权与法律价值目标的实现。

（五）人权保障法治化视域下人权概念的要点

在人权保障法治化的研究视角下，对人权概念的讨论更强调其法定权利和实在权利的特点。所谓法定权利，是指在宪法法律中明确加以规定的公民权利。所谓实在权利，相对于“观念的权利”，是指取决于各国立法者和各国法院的具体的、实际的权利。

在这个意义上，宪法及其他人权保障相关法律的文本规定是讨论的起点，对人权的讨论，应从宪法开始，从对宪法的解释开始。一个人享有人权，不能仅凭他作为一个一般人的资格，而是要凭借他作为某个特定社会的成员的资格，由该社会的规则和原则来规定。

作为该社会的规则的宪法和法律制度，在确认法定权利和自由的同时，又明确了权利和自由的边界和限度。在现代法律的表达中，自由是一种权利，权利的享有和行使应当是自由的，其边界和限度由法律规定，在每个人从事对别人没有害处的活动的时候，“正像地界是由界标确定的一样”①。他人利益和公共利益限制了权利与自由的限度，做出这些限定的，是经由民主程序而产生的法律。

---

① 《马克思恩格斯全集》第1卷，人民出版社1957年版，第438页。

二、现代主要的人权观和新时代中国特色社会主义人权观

人权的内容是广泛而复杂的，人权的观念更是各式各样。甚至有人说，有多少人权学者，就有多少人权观念。观照我国人权观念和人权保障发展的历史，影响较大的是自由主义的人权观和马克思主义的人权观。在当代中国，经过多年的“中国道路”的探索，在理论上逐渐形成了新时代中国特色社会主义的人权观。

（一）自由主义的人权观及其批判

人权观念自产生时起就与自由主义特别是古典自由主义有着密切的联系。从广泛的意义上来讲，自由主义追求保护个人思想自由的社会、以法律限制政府对权力的运用、保障自由贸易的观念、支持私人企业的市场经济、透明的政治体制以保障少数人的权利等理念的实现。到了 18 世纪晚期，自由主义成了几乎所有发达国家的主要意识形态。自由主义的基本的人权主张为生命的权利、自由的权利、财产的权利。由此观之，第一代人权就是在强调个人的自由主义思潮影响下发展起来的。一直到现在，一些严格的自由主义者仍然坚守第一代人权观也即“古典人权观”。自由主义的人权观历经几个世纪，逐步演化演变，英国学者斯坦默斯从“人权与政治权力”的关系的角度讨论自由主义人权观演变的过程[①]。但是无论如何演变，其在基本人权方面的主张始终强调个体人权及其对政治权力的反抗，而把集体人权视为个体人权的延伸甚至否定集体人权的存在。

① 严维耀：《英国学者斯坦默斯论自由主义人权观念的演变》，载于《国外理论动态》1993 年第 24 期。

20 世纪 20 ~ 30 年代以胡适为代表的自由主义知识分子发起人权讨论的热潮，由严复所引发、陈独秀所开创的自由主义人权思想到胡适这里趋于成熟，中国的自由主义人权观成为 20 世纪上半叶中国人权思潮的最高峰。这些知识分子提出的关于人权、自由、民主、法治、宪政等理论以及关于经济、教育、财政、人口等各方面的改革设想，即使在今天也有借鉴意义①。

一些西方学者对西方的人权观念进行了反思和批评。英国学者 A. J. 米尔恩（A. J. Milne）认为，西方的人权观念及其所代表的文化和文明传统只是全球多样化文化的一个分支，与大多数的非西方人类无关。现实的人总是某种社会和文化环境的产物，不可能是社会和文化的中立者，超验的人权在现实中是不存在的②。

社群主义和后现代主义对自由主义提出了批评和挑战。达格则提出“共和自由主义”的概念，以期对自由主义的权利观进行调整。发达国家——特别是美国，每个人似乎都陷入了对权利的迷恋，都乐于以权利的名义各持己见。与此种权利观相伴随的是刚愎自用、片面的个人主义和无原则的利己主义，这与启蒙运动试图重建公民人文主义传统的初衷渐行渐远。许多自由主义著述者把自由主义版本的权利打造成了一件外观雍容华丽的铠甲，但在大家都想着为权利而斗争时，这件权利铠甲的功用便大打折扣。结果是，对权利的主张越多，权利的获取和维护就越艰难。有鉴于此，达格认为对权利的正确理解，必须至少从权利本身、群体义务和公民归属感三个方面重新开始。③

（二）马克思主义人权观的正确认知

马克思曾多次论及人权，对近代西方人权观念和人权制度做

---

① 曲相霏：《人权离我们有多远》，清华大学出版社 2015 年版，第 268 页。

② ［英］米尔恩著，夏勇、张志铭译：《人的权利与人的多样性——人权哲学》，中国大百科全书出版社 1995 年版。

③ 亓同惠：《共和自由主义的可能性——读达格的〈公民德性〉》，载于《读书》2019 年第 5 期。

过许多批判，并提出了马克思主义的人权观。正确理解并真心领会马克思的人权思想对于发展中国特色人权观具有重要意义。

马克思主义充分肯定资产阶级民主、自由和人权的历史进步作用，同时也指出它是残缺不全的。马克思称美国《独立宣言》为世界历史上“第一个人权宣言”，“资产阶级社会的真正代表是资产阶级，于是资产阶级开始了自己的统治。人权已经不再是一种理论了”①。与此同时，他们也指明了资本主义的历史局限性，批判了资本主义“自由”“平等”“民主”的虚伪性，揭示了资产阶级人权的本质。

曾经有一段时间，很多人把人权看作“资产阶级的口号”，其理论根据是马克思主义经典作家的论述，这是对马克思主义的误读。为此，一些学者提出了新的解读视角和分析框架。

夏勇提出从道德和逻辑的角度把握马克思的人权思想。他认为，马克思着眼于人类解放以肯定人权理想，对资本主义人权制度或其标榜人权的制度予以批判；马克思认为只有共产主义制度才能真正实现人权，而对作为人权实现手段的资本主义法制予以批判，是基于对资本主义制度自我完善可能性的否定来否定西方人权；马克思坚持对西方人权制度做具体的经济分析反对一般地、抽象地谈论它，抽象的人权原则总是在一定的物质生活条件下产生并随着“人类本性的不断改变”而发展，它具有历史进步性并充满批判精神。但他并不一般性地否认抽象的、普遍的人权，反而对人权做了抽象的、普遍的规定，提出“每个人的自由发展是一切人的自由发展的条件”的论断②。这一论断要成为“代替那存在着阶级和阶级对立的资产阶级旧社会”③ 的新的

① 《马克思恩格斯全集》第2卷，人民出版社1957年版，第157页。

② 夏勇：《人权概念起源——权利的历史哲学》，中国社会科学出版社2007年版，第167～178页。

③ 《马克思恩格斯全集》第1卷，人民出版社1957年版，第273页。

“联合体”① 的特征，需要变革人权赖以存在的社会基础，将争取人权的斗争与无产阶级革命紧密联系起来，最终实现全人类的解放，实现每个人的自由发展。这就是马克思主义的人权观。

汪习根提出马克思非常重视为新的社会创设构建人权思想，并且也已形成一个理论体系②。他提出，从法哲学的高度解读马克思主义关于人权本质属性的学说，把人的本质真正回归到人身上，这就要求人的能力得到全面提升、人的需求得到充分满足，预示着人权三个基本权利形态，即自由权、平等权和发展权。在人权的具体内容上，马克思在追求社会联合体伟大理想的同时，从来没有否认自由对于个人的必要性和重要性，因为人的“全面发展”，“既是人的个性能力和知识的协调发展，也是人的自然素质、社会素质和精神素质的共同提高，同时还是人的政治权利、经济权利和其他社会权利的充分实现”③。在人权的实现途径上，马克思提出人类的解放是彻底实现人权的必由之路。在人权主体上，马克思强调人权是个人与集合体权利的共存。

（三）新时代中国特色社会主义人权观

在社会主义革命和建设实践中，中国共产党人依据马克思主义基本原理，结合中国实际经验，发展了马克思主义人权理论。在长期的民主革命斗争中将争取民族独立、自由、人民幸福，即人权，作为旗帜。在改革时期，又将国家尊重和保障人权确立为党和政府治国理政的重要原则，并依据人民对权利的需求和人权事业在我国的发展，将生存权和发展权作为最重要的人权。

---

① 《马克思恩格斯全集》第1卷，人民出版社1957年版，第273页。

② 汪习根：《马克思主义人权理论中国化及其发展》，载于《法制和社会发展》2019年第2期。

③ 周子伦：《马克思、恩格斯人的自由而全面发展思想解读——隐喻研究视角》，载于《改革与战略》2017年第12期。

进入新时代，我们延续了这一马克思主义人权观中国化的历程，将马克思的伟大理想、未来制度预设同中国的现实可能性和客观必然性融为一体，逐步在新时代中国特色社会主义思想体系中确立人权观的地位。新时代中国特色社会主义人权观的主要内容包括以下一些观点和论断：

人权得到切实尊重和保障，是全面建成小康社会和全面深化改革开放的重要战略目标之一。

社会主义核心价值观是中国人权内容和要求的价值体现。

新时代中国特色社会主义人权观提出“人民主体地位”和“以人民为中心”的思想，以人民利益为根本出发点和立足点，切实保障民生福祉和基本人权，维护社会公平正义，促进共同富裕，推进人的全面发展。

秉持创新、协调、绿色、开放、共享的理念，创新奠定人权发展的物质基础，协调确保平等参与和分享，绿色厘清生态环境的基本人权性质，开放推动国际人权对话、互动与合作，共享强调权利平等和结果正义。在方式上，统筹城乡、区域、人与自然，谋求机会公平、规则公平和权利公平的统一。

社会主要矛盾，是人权实践的立足点，人民群众日益增长的美好生活需要与不平衡、不充分发展的矛盾，促进改善发展不平衡、不充分的状况，更好满足人民群众对法治、民主、公平、正义和环境的需要。人民从对物质性权利、经济性权利和文化性权利发展到美好生活的权利，追求体面的、有尊严的、健康的、高品质的生活。

中华民族伟大复兴的“中国梦”在一定意义上就是“人权梦”①。国家富强、民族复兴，根本目的还在于人民幸福。这就必须满足人民的美好生活需求，实现全面自由发展的权利。

---

①　汪习根：《马克思主义人权理论中国化及其发展》，载于《法制和社会发展》2019 年第 2 期。

坚持和彰显人权发展的社会主义性质。其中，“解放和发展生产力”为人权保障奠定物质基础，“消灭剥削、消除两极分化”是为了普遍的平等权利，“共同富裕”旨在通过共建实现人人共享发展成果的权利①。

整体促进不同种类、不同形式人权的全面落实。既保护生存权，更保护发展权；既保护公民人身权利、财产权利，也保护公民政治权利、经济社会文化权利，重视既是个体人权也是集体人权的环境权、健康权等权利。更拓展权利的保护范围、提升权利的保护标准。

加强人权的司法保障。习近平强调，强化诉讼过程中当事人和其他诉讼参与人的知情权、陈述权、辩护辩论权、申请权、申诉权的制度保障。健全落实体现罪刑法定、疑罪从无、非法证据排除等法律原则的相关法律制度。完善对限制人身自由司法措施和侦查手段的司法监督，加强对刑讯逼供和非法取证的源头预防。健全冤假错案有效防范、及时纠正机制。

中国人权事业的发展始终必须坚持和完善党的领导。这首先因为中国共产党的合法性基础和制度优势来自人民性，也因为从严治党、依规治党对公权力的有效约束、对公民权利和自由的有效维护。

坚持把人权的普遍性原则同中国实际相结合，走适合中国国情的人权发展道路。

国际社会应该积极推进世界人权事业，关注广大发展中国家民众的生存权和发展权。中国加强不同文明交流互鉴，促进人权交流合作，实现各国共同发展。

---

① 汪习根：《马克思主义人权理论中国化及其发展》，载于《法制和社会发展》2019 年第 2 期。

三、人权的谱系及其制度化表达

人权体现为人仅仅因为他是人而具有的一系列自由和权利，是一个由多内容、多视角、多层次构成的权利体系。人权是个“复数”词汇，集合了众多权域，在制度中具体表现为宪法等基本法明确的公民基本权利和自由及其延伸权利，形成人权的“谱系”。纵观有关人权的国际公约等国际法规范和各国宪法、法律的规定，其对于人权谱系的制度化表达，呈现出统一性和多样性并存的特征。这个体系，或者说是“谱系”又是开放的，随着社会进步不断有新的权利出现。

对人权的谱系进行类型化研究，能够在理论层面理清各类人权的共性和个性特征，从而更好地在制度文本中进行表达，并保障其实现。从人权内容来分类，是最基本的，多数人权法律制度都是从内容来划分的。对人权进行层次的划分，是一种理论的分类。有观点认为人权的权利体系由四个层次的权利构成，即应有权利、实有权利、道德权利、法定权利等①。有观点认为人权的存在形态有三类，即应有人权、法定人权和实有人权。② 本书的讨论关注人权保障制度的完善及其实现，因此倾向于更便利制度化表达的人权分类，即从人权内容来分类。

（一）《世界人权宣言》开创的两分法

两分法是《世界人权宣言》的首创，其后为1966年的两个国际人权公约所明确和巩固，广为人们所接受。所谓两分法，就

---

① 谷春德、文哲：《略论中国化的马克思主义人权观的理论探究与创新》，载于《人权》2017年第6期。

② 广州大学人权理论研究课题组：《中国特色社会主义人权理论体系论纲》，载于《法学研究》2015年第2期。

是把人权分为两大类：公民权利和政治权利；经济、社会、文化权利。

《世界人权宣言》列举了25项权利，包括19项公民权利和政治权利，6项经济、社会、文化权利。这些权利除了财产权和政治避难权以外，全部纳入了人权两公约的保护范畴。

中国学者对这些权利做了梳理和归纳。公民权利和政治权利包括：生命权；人身自由和人身安全权；法律面前人人平等权；宗教信仰自由；参政权；其他人身自由和政治权利，比如私生活、家庭、住宅和通信不受任意干预，言论、集会和结社自由，自由迁徙和居住等。经济、社会和文化权利包括：工作权；社会保障权；婚姻家庭权；受教育权；文化权①。

值得关注的是，国际人权公约特别关注了在刑事司法过程中刑事被告人和刑事被害人的基本权利。这些基本权利包括公民基本的自由和权利也包括从公民基本的权利和自由中衍生出来的诉讼权利，前者比如无罪推定权，后者比如辩护权。这些权利的制度化表达对于人权保障有特别价值。

（二）根据权利性质及其内容的三分法

依据“三代人权”说的三分法，既是根据权利产生时代来划分的，也是根据权利性质和内容来划分的。此种划分方法特别将集体人权，比如民族自决权，专门列出来作为第三类人权形态，以区别于作为个体人权的公民权利和政治权利，经济、社会、文化权利。英国著名国际人权法专家R. J. 文森特开列了30项人权，就分为三类②。

我国学者从学理角度出发，认为公民的权利包括三方面的内

① 谭世贵：《国际人权公约与中国法制建设》，武汉大学出版社2007年版，第26~41页。

② 曲相霏：《人权离我们有多远》，清华大学出版社2015年版，第159页。

容：一是公民消极的基本权利，即人身自由、言论自由、宗教信仰自由、集会结社自由等各项个人自由权利；二是公民的积极权利，即公民的经济、社会、文化权利，包括劳动、受教育、接受国家救济等权利；三是公民的参政权利，包括选举权、被选举权、复决权、创造权、罢免权等[①]。此种分类方法将公民权利分为消极权利、积极权利和参政权利三个方面，其在制度表达和保障制度方面有着不同的要求。对于公民消极权利，法律着重解决两个问题：公权力不得侵犯；消极权利不得滥用。而对于公民的积极权利，法律关注的是，以制度方式明确公民积极权利享有的基本标准，并要求政府履行保障其实现的义务和责任。参政权是确保公民消极权利和积极权利得以实现的政治性权利。制定法律的机构和实施法律的机构的组成人员由公民选出，法律制度的形成有公民的参与，重大事务的决定有公民的同意，从而更好地避免法律和公权力本身对公民权利的侵犯或者保护公民权利的失职。

（三）根据权利主体的二分法

从人权的主体来看，人权可以分为个体人权和集体人权。人权的主体主要是个人，任何人权的实际享有者必然是活着的“自然人”。人权的主体还包括各种群体，在国际上是国家或者民族，在国内是处于特定地位或具有特殊特征的社会群体，比如少数民族、儿童、妇女、老年人和战俘、难民、刑事被追诉者等。

个体享有个体人权。个体人权包括个人独自享有和使用的权利，比如人身自由权和生命健康权；因为个体参与到某些集体中而与其他成员协同行使的权利，比如言论、出版、集会、结社等政治权利；与集体其他成员共同享有的权利，比如共有财产权

---

① 郝铁川：《论中国社会转型时期的依法治国》，载于《中国法学》2000 年第 2 期。

等。集体人权包括国家、民族、集体等享有的权利，比如民族自决权，以及一般的群体类似家庭、经济组织、社会组织等享有的权利。[①] 集体人权并不是个体人权的简单相加，他是某个集体比如国家、民族等的共同权利，其实现又能对集体中的个体起到权利和利益增进的作用。个体人权和集体人权平等并存、相互影响、相互制约，并在一定条件下以不同的方式相互转化。[②]

一些权利的主体既可以是个体也可以是集体，具有个体人权和集体人权的双重特征。平等权，以及第三代人权中的生存权、发展权、环境权等，既是个体人权也是集体人权。

（四）中国宪法中人权及其权利体系的制度化表达

中国 1982 年宪法确认了公民的基本权利。通常以宪法第二章“公民的基本权利和义务”为中心来进行讨论。也有学者将第一章“总纲”和第三章“国家机构”中的有关规定也纳入进来。同时，在宪法中，有相当条款涉及特殊人群的权利，有些权利不属于通常意义上人权的范畴，属于衍生的权利，比如残废军人生活保障权，衍生自社会保障权。本书列表加以说明，见表 1－1、表 1－2。

表 1－1　　　　公民基本权利和自由

类别	项目	宪法条文
平等权	平等权	第 33 条
自由权	言论、出版、集会、结社、游行、示威自由，宗教信仰自由，人身自由，通信自由和通信秘密，科学研究自由，文学艺术创作自由，文化活动自由	第 35～37、40、47 条

① 林喆：《公民基本人权法律制度研究》，北京大学出版社 2006 年版，第 18 页。
② 林喆：《公民基本人权法律制度研究》，北京大学出版社 2006 年版，第 17 页。

续表

类别	项目	宪法条文
人身权	健康权、国籍权、人格尊严权、住宅不受侵犯权	第21、26、42、33、38、39条
参政权	选举权，被选举权，批评、建议权，申诉、控告、检举权，获得国家赔偿权，民主管理权	第34、41、27、17条
社会权	受教育权，财产权，环境权，劳动权，社会保障权	第46、8、10、13、26、42~45条
诉讼权	公开审理权、用本民族语言文字诉讼权	第125、134条
婚姻家庭权	婚姻权、家庭权	第49条
发展权	教育、卫生、体育、文学艺术、新闻广播电视、出版发行、文化等发展权	第19~22条

资料来源：转引自林喆：《公民基本人权法律制度研究》，北京大学出版社2006年版，第22页。

表1－2　特殊群体的公民权利

类别	项目	宪法条文
妇女	与男子平等权，同工同酬权，参政保障权，母亲受国家保护权，不受虐待权	第48、49条
儿童	受义务教育权，德智体全面发展权，受国家保护权，受抚养教育权，不受虐待权	第46、49条
老人	社会保障权，受赡养扶助权，不受虐待权	第45、49条
军人	残废军人生活保障权，烈属抚恤权，军属优待权	第45条
残疾人	社会保障权，劳动帮助权，生活帮助权，教育帮助权	第45条
华侨归侨侨眷	国家保护权	第50、89条

续表

类别	项目	宪法条文
人大代表	提案权，质询权，人身特别保护权，言论免责权，表决免责权	第 72 ~ 75 条
被告人	辩护权	第 130 条

资料来源：转引自林喆：《公民基本人权法律制度研究》，北京大学出版社 2006 年版，第 22 页。

依据宪法的精神、原则和规定，我国立法机关出台了与之相配套的一系列法律、法规和规章，对公民的基本权利和自由进行展开和细化。比如，《劳动法》《就业促进法》等劳动就业法律构筑了公民的就业权和劳动权及其保障的完整规范体系。

（五）生存权和发展权的制度化表达

中国将生存权和发展权作为首要人权，并在人权相关官方文件中予以表述。同时，也为这两项权利的保障在法律和政策方面做出了很多努力。但是，就这两项权利本身而言，在宪法和法律等法律文本当中，并没有明确的命名，也就是说，在宪法和基本法律中，没有“生存权”“发展权”这样的法律名词。

生存权，在国际人权公约中称为相当生活水准权，是人们应当享有的维持正常生活所必需的基本条件的权利，它包括个体意义上的生命的延续，也指向国家、民族及其人民在社会意义上的生存得到保障的权利。其内容具体包括生命安全和基本自由不受侵犯、人格尊严不受凌辱，赖以生存的财产不遭掠夺、人基本生活水平和健康水平得到保障和不断提高。

发展权，是个人、民族和国家积极、自由和有意义地参与政治、经济、社会和文化的发展并公平享有发展所带来的利益的权利。即涵盖个体的发展权和集体的发展权。联合国《发展权利宣言》在序言中载明：“确认发展权利是一项不可剥夺的人权，发展机会均等是国家和组成国家的个人的一项特有权利”。[①] 在科学发展观的战略指导下，中国强调创新、协调、绿色、开放、共享的发展理念，为发展权追求的内在价值提供了新的解释。发展权的内容具体包括参与发展的权利，平等获得发展的机会、发展的成果惠及全民。

从学理上来讲，这两项权利既是个体人权也是集体人权。生存权不仅是某一项权利，还是一系列权利的组合。因此，在我国其制度化目前是通过对其项下子权利及相关权利的法律规定表达出来。发展权更多的是一种政治主张，或者法律宣示，具有政治、经济和道德的意义，而不是一项法律权利，不是法律上的、具有明确权利主体和义务承担主体、具有可诉性和救济性的具体性权利。

生存权在日本已经有了专门的法律。日本《生活保护法》保障最低限度的生活，即“能够维持健康的、具有文化意义的水准的生活”。不仅是人为了生存所必需的最低条件的最低生活水准，而是指健康的、具有文化意义的最低生活水准。[②] 以专门法律保障生存权，让生存权有了制度化的表达，从适当的食物、适当的照料、适当的保健和控制疾病到适当的住房等，这对于推进我国社会福利制度的法治化从而实现高品质生活具有借鉴意义。

除了宣示性的宣言和政策文件以外，目前发展权尚未进入到专门法律保障的阶段。不过，发展权的制度化表达，对于这项权利在国际法层面获得更多的认同和实践具有重要的意义。在依赖于法律上具体规定国家实现发展权行动的义务，依赖于各种文件等非强制性规范的同时，可以学习生存权制度化的经验，将发展权中的一些具体内容逐步改造成为可执行、可救济的法律权利。

---

① 《联合国官方网站》。

② 徐显明：《日本社会福利法制概论》，商务印书馆2010年版，第75页。

四、改革开放以后人权保障制度的发展历程

抗日战争时期和解放战争时期，中国共产党所领导的抗日根据地和解放区政权就发布过保障人权的法律文件。1949 年新中国成立，赢得了人民解放和民族独立这两项最重要的人权。中华人民共和国成立以来，中国人权保障制度走了一个“之”字形的发展道路，有破题，有开笔，有发展，有倒退，有回归[①]。改革开放以后，中国人权保障制度经历了重新起步、快速发展到体系基本形成的过程。2012 年以后，又开启了新的征程。

中华人民共和国成立初期，我国颁布了《中国人民政治协商会议共同纲领》和 1954 年《宪法》，规定了人民享有诸多广泛的权利和自由。20 世纪 50 年代后期，人权受到了否定和批判。人权的观念一直被当作资产阶级权利和意识形态而为我们所拒斥，而且在长时期内受到政治性的批判。对人权思想的批判在实践上直接导致了对公民人权的漠视，最令人震惊的现实就是十年“文化大革命”中对人权的严重践踏。

党的十一届三中全会以后，中国走出“十年动乱”，在痛苦反思中启动中国的法制改革[②]，艰难地开始对人权及其保障制度的研究、讨论和立法。人权保障历经理念重建、制度建构、实践推进的历史进程，这一过程是从制度完善开始的。

---

① 朱学勤：《从马嘎尔尼访华到中国加入 WTO》，载于《南方周末》2001 年 11 月 29 日。

② 蒋立山：《中国法制改革和法治化过程研究》，载于《新华文摘》1998 年第 2 期。

（一）1978 年改革开放启动人权保障相关法律制度的建设

1978 年改革开放相伴而生的法律革命反映了中华民族从法律思想到法律行为的各个领域变化的多方面进程，意味着中华法律文明价值体系的巨大创新[①]。在这一阶段伊始，虽然倡导“解放思想”，但是涉猎人权理论研究的人数不多，成果不多。而在制度建设层面，与人权保障相关的立法全面推进，在实践层面，开展了大范围的平反“冤假错案”的行动。到 1980 年 1 月，中央和全国各地都平反了一大批冤假错案。已经得到平反的总数达 290 万人。没有立案审查而得到平反的，比这个数字还要大得多。[②]

主要的立法，以时间为顺序，包括：《全国人民代表大会和地方各级人民代表大会选举法》（1979 年 7 月）、《刑法》（1979 年 7 月）、《刑事诉讼法》（1979 年 7 月）、《宪法》（1982 年 12 月）、《行政诉讼法》（1989 年）等公法，以及《婚姻法》（1980 年 9 月）、《继承法》（1985 年 4 月）、《民法通则》（1986 年 4 月）等私法。

1982 年《宪法》关于公民的基本权利的规定达到了史无前例的 28 条。“宪法规定的公民权利，必须坚决保障，任何人不得侵犯”的观点得到了党的十一届三中全会公报的强调。基本权利对公民的生存具有极为重要的意义，表达了人类对其生存条件的最低限度的要求，凝聚着人类对其权利的深刻认识。[③]《宪法》的颁布，为我国涉人权基本法律制度建构明确了基本方向和价值取向。

1981 年，中国在联合国经济和社会理事会上当选人权委员

---

① 夏锦文、秦策：《法学与法制现代化：世纪之交的时代课题——“20 世纪中国法学与法制现代化”学术研讨会综述》，载于《法律科学》1999 年第 2 期。

② 王海光：《“彻底的唯物主义者”的风范——邓小平与平反冤假错案》，载于《中共党史研究》2004 年第 5 期。

③ 林喆：《公民基本人权法律制度研究》，北京大学出版社 2006 年版，第 25 页。

会成员国。1980 年 7 月 17 日，中国政府签署《消除对妇女一切形式歧视公约》，同年 11 月 4 日向联合国缴存批准书，开启了中国批准联合国核心人权公约的进程。

（二）20 世纪 90 年代初打破人权理论研究的沉默局面

20 世纪 80 年代中期后，一些理论工作者开始呼吁人权，积极研究马克思主义的人权观，并介绍西方的人权理论，但这种努力立即遭到了传统理论势力的严重阻碍，甚至一些马克思主义人权理论的倡导者也几乎被视为“资产阶级自由化分子”。然而，这种困难并没有能够阻挡我国理论界有学术良知和社会责任感的知识分子对人权理论的探求。

20 世纪 90 年代初，江泽民同志指出“人权问题回避不了，要进行研究”[①]，打破了人权理论的研究“禁区”。指示传达后，中央将政策制定交给了外交部，宣传教育交给了国务院新闻办公室，理论研究交给了社会科学院。各方一起行动，形成了对人权研究的广泛动员。一种旨在弘扬人权的“马克思主义人权理论”开始流行，并影响主流意识形态。

人权问题是无法回避的，一个国家的人权状况影响到合法性认同、人民生活水平、国际地位、国家形象等诸多方面，也会成为一个国家进行国际贸易成败利钝的因素之一。1991 年 11 月 2 日，国务院新闻办发布《中国人权状况》白皮书，这是中国第一个关于人权的官方文件，也是第一份人权白皮书。该文件全面向国际社会和国内社会介绍中国人权状况和在人权问题上的立场、观点和政策。白皮书指出，观察一个国家的人权状况，不能割断该国的历史，不能脱离该国的国情；衡量一个国家的人权状况，不能按一个模式或某个国家和区域的情况来套。生存权是中

---

① 刘海年：《新中国人权保障发展六十年》，中国社会科学出版社 2012 年版，“序言”第 2 页。

国人的首要人权。中国的人权有三个显著特点：广泛性、公平性、真实性。人权是长期以来人类追求的理想，也是中国政府和人民的一项长期历史任务。

自此以后，中国政府每年都会发布人权领域的白皮书，向国际社会展示我国在人权领域的努力和获得的成就。

（三）20 世纪 90 年代后期人权保障相关立法的完善与更新

20 世纪 90 年代后期重大的具有里程碑意义的事件，是作为治国方略的依法治国的提出。建设社会主义法治国家在 1997 年写入了党章并在 1999 年写入了宪法。1995 年 10 月，江泽民在接受外媒采访时谈到了人权的普遍性原则，这是中国领导人首次公开承认人权的普遍性。[①] 党的十五大报告第一次明确提出共产党执政要“尊重和保障人权”。在这样的背景下，人权保障相关立法有了新进展。

首先，行政程序立法的启动，为行政权力的行使提供程序依据和程序约束。主要是《国家赔偿法》（1995 年）中的“行政赔偿的行政程序”和《行政处罚法》（1996 年）中的“行政处罚程序”。立法开宗明义明确了对公民合法权利和利益的维护，尤其是行政侵权和行政处罚案件中公民人身自由和财产权利的保障。以单项行政程序立法约束行政权力的思路一直延续下来，《行政许可法》（2004 年）明确了强调高效便民的“行政许可程序”，《行政强制法》（2011 年）规范了“行政强制措施程序”和“行政强制执行程序”。

其次，《刑事诉讼法》（1996 年 3 月）和《刑法》（1997 年 3 月）的全面修正，从程序和实体两方面完善刑事司法领域的人权保障制度。这两部刑事领域的基本法律在 1979 年出台后首次

① 吴兢：《未来 30 年中国人权保障将更广泛》，载于《人民日报》2008 年 12 月 3 日。

做了系统而全面的修订。我国刑事立法的思路一直比较注重其社会保障功能而忽略其人权保障功能特别是对刑事被追诉者的人权保障功能。在此次修订中，罪刑法定原则和刑法面前人人平等等原则得到更为明确的强调，定罪和量刑的制度更为科学，加强了对未成年人、妇女等特殊群体的人权保护。人犯改称为犯罪嫌疑人，被告人律师介入刑事诉讼的时间提前至侦查阶段，体现了对刑事被追诉者的人权保障。

最后，中国政府于 1997 年和 1998 年签署了《经济、社会和文化权利国际公约》和《公民权利和政治权利国际公约》。2001 年 11 月，中国加入了世界贸易组织（World Trade Organization，WTO）。人权两公约和 WTO 规则在中国的实施，深刻影响了中国的法治。[①] 在市场进一步开放的背景下，人权问题与经济投资贸易等问题交织在一起，完善立法以接轨国际规则，依法行政和政府透明度原则要求政府规范行使公权力，司法审查行政决定等方面的要求对于行政权和司法权的运行制度的完善有巨大推动作用，促进了行政体制和司法体制的改革。

（四）2004 年“国家尊重和保障人权”写入宪法

20 世纪末和 21 世纪初，人权观念开始进入党和政府官方的政治话语体系，2002 年党的十六大将“国家尊重和保障人权”写入党章。2003 年底，中共中央正式建议将“保护公民人权”写进国家宪法。2004 年 3 月，全国人民代表大会以高票通过中共中央的这一建议，“国家尊重和保障人权”顺利成为宪法条文。这是人权的观念转变为保护人权的法律和政策的最好例证。

这一时期，中国加入世界贸易组织（WTO）的效果显著地表现出来，真正成为非常重要的法律完善的外部压力和契机。加

① 刘海年：《新中国人权保障发展六十年》，中国社会科学出版社 2012 年版，第 379 页。

入世界贸易组织，更多地融入国际社会，需要满足法律制度“接轨”国际规则的要求。在人权保障领域，“国际规则”已经被国际社会通过国际法律文件的形式确定下来，并提供给世界各国“作为所有人民和所有国家努力实现的共同标准”①。这些规则的目标在于促进对权利和自由的尊重，使这些权利和自由得到普遍和有效的承认和遵行。

同时，改革开放以来的“先富”政策以及相关的政策与制度安排，在发展的过程中逐步出现了较为明显的收入差距和两极分化。有学者开始讨论经济和民生数据“人均”的局限性②，“人均”掩盖了“人不均”，发展成果在社会成员之间的受益程度是不均衡的。学者们逐渐研究分配问题、引入人类发展指数以回应“弱势群体”的生存状态，经由反思“效率优先、兼顾公平”进而提出社会公平正义的诉求，以实现社会公正为目标的发展，逐渐成为这一时期人权保障的核心议题。

在2003年全国防治非典工作会议上，胡锦涛同志首次提出了科学发展观。这一理念在党的十六届三中全会上正式提出，表述为“坚持以人为本，树立全面、协调、可持续的发展观，促进经济社会和人的全面发展”。2007年党的十七大报告再次强调，“科学发展观，第一要义是发展，核心是以人为本，基本要求是全面协调可持续，根本方法是统筹兼顾”，特别强调了“保障人民知情权、表达权、参与权与监督权”“促进社会公平正义”“尊重和保障人权，依法保证全体社会成员平等参与、平等发展的权利”。科学发展观扩大了民主观，表达了对社会公平正义的追求，更新了平等观和全面发展的人权观③。科学发展观的实践过程就是人权充分保障和实现的过程。

---

① 《世界人权宣言》序言。

② 佴怀青：《“人均”概念的局限性》，载于《当代社科视野》2008年第6期。

③ 谷春德、文哲：《略论中国化的马克思主义人权观的理论探究与创新》，载于《人权》2017年第6期。

2009年4月国务院新闻办公室发布了《国家人权行动计划(2009—2010)》，人权建设进入“行动”的新阶段，中国政府在促进和保护人权方面的工作有了实施的“路线图”。2011年7月举行评估总结会议，预定的各项目标如期实现，各项指标均已完成①。第二个行动计划明确了2012~2015年的人权保障工作目标和工作措施。在行动计划结束后，2016年6月进行了评估总结，各项措施得到有效实施，整体执行情况良好，主要目标和任务如期实现。② 目前正在实施第三个人权行动计划，即《国家人权行动计划(2016—2020)》。前后三个人权行动计划的发布和有序推进，是中国履行国际人权保障义务和承诺的重要内容。基于行动计划建立的国家人权行动计划联席会议机制，为人权保障政策和法律的制定与落实提供了组织基础。

(五) 2012年人权保障法治化进入新阶段

2012年11月，中国共产党召开了第十八次全国代表大会，这标志着中国人权保障法治化进入了新阶段。党的十八大报告充分肯定了人权保障的成就，“司法公信力不断提高，人权得到切实尊重和保障”，也开启了新一轮以完善“司法人权保障机制”为重点，涵盖各相关制度的人权保障法治化进程。党的十八届四中全会强调“加强人权的司法保障”，党的十九大在五年持续努力的基础上，不改初心、不缓脚步，提出“加强人权法治保障”，推进合宪性审查工作，以更好地保障宪法所规定的公民基本人权的实现。

---

① 《国家人权行动计划(2009—2010年)评估总结会举行》，国务院新闻办网站，2011年7月13日，http://www.scio.gov.cn/ztk/dtzt/55/4/Document/955710/955710.htm。

② 《国家人权行动计划(2012—2015年)实施评估总结会议在京召开》，中国政府网，2016年6月14日，http://www.gov.cn/xinwen/2016-06/14/content_5082040.htm。

这一时期值得关注的人权保障法治化的进展情况，主要包括：

1. 人权保障相关立法的完善

总结法治改革经验，将改革成果及时上升为法律。全国人民代表大会及其常务委员会对《宪法》《刑法》《刑事诉讼法》《民事诉讼法》《行政诉讼法》等法律进行了修订，与这些法律相配套的制度也得到了细化和完善。比如刑事诉讼证据制度中的非法证据排除规则等。

2. 政治权力的法治化改革中对人权保障的关切

全面依法治国的推进，涉及中国共产党的政治领导权、立法权、行政权、司法权及其运行机制的深入的法治化改革，以及监察权的宪法地位的确立及其法治化运行机制的建立。这是进入新时代全面的政治权力的法治化改革。其中与人权保障相关的制度，得到了重点关注。比如立法过程中对公民参与立法的制度保障；人权保障机制特别是司法人权保障机制的完善，这突出表现为“以审判为中心”的司法权力运行机制的改革；以“权力清单和责任清单”为工作抓手的行政权力的法定化；监察权运行中包括留置在内的调查措施的程序制度等。

3. 一批司法领域的冤假错案得到纠正

根据 2017 年 11 月最高人民法院向全国人民代表大会常务委员会做的关于人民法院全面深化改革情况的报告提及，自党的十八大以来，人民法院依法纠正重大冤假错案 37 件 61 人。犯错后勇敢认错、及时纠错，纠正冤假错案的态度和力度是衡量人权保障的重要标尺之一。

经过中华人民共和国成立 70 多年来特别是改革开放 40 多年来的努力奋斗，我国人权保障取得了举世瞩目的巨大成就。当前，我国已成为世界第二大经济体，人均 GDP 连续多年大幅提升。人均预期寿命增长到 76 岁，人均受教育年限达到 11 年，都已超过世界平均值。[①] 人民安居乐业，国家和平发展。中国政府积极兑现保障人权的庄严承诺，改革红利更多惠及全民，经济、社会和文化权利的保障水平再上新台阶；社会主义民主法治建设有效推进，公民权利和政治权利得到切实保障；人人平等原则得到切实贯彻，各类群体的权利保障力度稳步加强；社会主义核心价值观深入弘扬，人权教育研究水平显著提升；国际人权交流合作广泛开展，中国的人权理念、政策和成就更受尊重。

同时，中国也积累了在社会主义制度下尊重和保障人权的成功经验。即必须坚持把人权的普遍性原则同中国实际相结合，走符合中国国情的人权发展道路；必须坚持以人民为中心的发展思想，发展好最广大人民的根本利益；必须坚持不懈提高人权保障的法治化水平，将尊重和保障人权全面纳入法治化轨道；必须坚持培育中国人权文化，不断提高全社会尊重和保障人权意识。

五、人权保障及其法治化的中国特征

人权概念进入中国，人权制度进入中国法律，人权享有为中国人民所切身感知，人权观念进入中国文化，人权保障及其法治化的社会历史进程打上了中国的“烙印”。这是与中国历史文化传统和现实发展样态密切关联的中国的人权保障和法治化的道路，具有鲜明的中国特色。

（一）以生存权和发展权为核心构建人权体系

生存权和发展权是首要的、最基本的人权，也是享受其他人权的前提。就个人而言，最关注的首先是自身的生存问题。从一

① 《新中国人权70年：取得举世瞩目历史性成就》，新华网，2019年5月10日，http：//www. xinhuanet. com/mrdx/2019 -05/10/c_138048017. htm。

个民族、一个国家来说，最先关注的也是生存的问题。发展是当代中国的时代主题。邓小平同志指出，“发展才是硬道理”。[①] 紧紧扣住“发展”这第一要务，让发展成果更多更公平地惠及全体人民。以生存权和发展权为首要的基本人权，围绕这一对核心权利构建中国自己的人权体系，它抛开形式上抽象地主张自由平等的观点，最大限度地反映人的本质属性[②]。这是把人权的普遍性原则与本国实际相结合的具体体现。

生存权是发展权的前提和基础，发展权则是生存权的延伸和保障。经济、政治、社会、文化、生态“五位一体”的发展理论，建立起全面的发展权体系。其中，政治发展是一切发展的前提，构成发展权的基本出发点和立足点。[③] 经济发展是一切发展的关键，是发展的坚实基础。经由“包容性增长”的经济增长路径[④]，有效消解人权现实矛盾，以发展解决“不平衡不充分发展”与“美好生活需要”之间的矛盾，能动回应现实人权关切，成为落实首要人权的重点。社会发展是发展权的保障，中国应当围绕减贫、就业、医疗保健、教育公平、环境权益、粮食安全等发展权领域的人权议题，完善人权保障制度。文化发展是发展权的重要内容，生态文明是发展的基本要素和推动发展的关键因素。中国围绕气候变化、碳排放等环境与发展议题，提出了有洞见的主张。

《国家人权行动计划》确认了以生存权、发展权为首要地位

---

① 《邓小平文选》第三卷，人民出版社 1993 年版，第 377 页。

② 汪习根：《马克思主义人权理论中国化及其发展》，载于《法制和社会发展》2019 年第 2 期。

③ 汪习根：《着力提升中国发展权话语体系的国际影响力》，载于《红旗文稿》2016 年第 12 期。

④ 胡锦涛：《深化交流合作　实现包容性增长》，亚太经合组织人力资源开发部长级会议上的致辞，人民网，2010 年 9 月 16 日，http：//cpc. people. com. cn/GB/64093/64094/12749469. html。

的大量的社会性人权。[①] 包括针对普通人的“工作权利、基本生活水准权利、社会保障权利、健康权利、受教育权利、文化权利、环境权利”等社会权的保障，而且有关于“少数民族、妇女、儿童、老年人和残疾人”等特殊群体的权利保障。既尊重人权普遍性原则，又从基本国情出发，切实把保障人民的生存权、发展权放在首要地位，形成了中国特色的人权保障和发展路径。

中国以生存权和发展权作为首要人权，成就是显著的。经过几十年的努力解决了人民的温饱问题，这是一项了不起的成就。以减贫为例，据世界银行测算，按照人均每天支出 1.9 美元的国际贫困标准，过去 40 年中国共减少贫困人口 8.5 亿多人，对全球减贫贡献率超过 70%。按中国现行贫困标准，1978 ~2017 年，中国农村贫困人口由 7.7 亿人减少到 3 046 万人，贫困发生率由 97.5% 下降到 3.1%。中国是世界上减贫人口最多的国家，也是率先完成联合国千年发展目标减贫目标的发展中国家。[②] 据联合国《2016 年中国人类发展报告》显示，2014 年中国的人类发展指数在 188 个国家中列第 90 位，已经进入高人类发展水平组，是 30 多年中人类发展领域进步最快的国家之一。[③]

（二）社会转型背景下以渐进为特征的人权保障法治化

中国人权保障制度的发展具有显著的渐进特征和转型特征，这与中国的改革进程和社会转型进程相一致。

渐进性是改革开放以后中国发展模式的核心特征之一，也成为以生存权和发展权为首要人权的中国人权发展的核心特征。从

---

① 汪进元等：《〈国家人权行动计划〉的实施保障》，中国政法大学出版社 2014 年版，第 11 页。

② 国务院新闻办：《改革开放 40 年中国人权事业的发展进步》，人民出版社 2018 年版。

③ 联合国开发计划署驻华代表处、国务院发展研究中心：《中国人类发展报告 2016》，中译出版社 2016 年版，第 17 ~30 页。

经济进而到社会和政治领域的渐进性改革构成人权保障制度发展的宏观背景和主要动因，法治改革的条件约束使得人权保障的法治化进程沿着渐进性归集逐步展开。中国当前现代化发展阶段下经济社会条件也是人权保障渐进升级的重要因素。这对于宽容的政治文化和法治社会的形成，是非常有益的。

法律制度的普遍性和稳定性要求与社会转型以及渐进性改革之间具有一定的张力。这使得人权保障法治化进程难以和社会发展进程保持更为理想的同步性和协同性。发展不平衡、不充分、不协调性还广泛存在，立法就必须兼顾发达地区与不发达地区实际情况寻找“最大公约数”。社会快速变化，人权保障法律会显著滞后于社会的发展。立法机关探索渐进性的、不间断的、小步伐的立法完善路径以适应社会的人权保障法治化的需求。地方立法和人权保障政策也成为重要的弥补国家立法进展不足的重要手段。具有过渡特点的立法和法律实施，是转型特征的重要表现。在人权保障领域，其转型特征具体表现为：发挥政策与法律的双重功能，将制度与实施适度的分离，法律框架先行然后分步实施到位，先解决有法可依的问题再解决法律超前的有法难依的问题。这无疑体现了对人权普遍性原则与中国实际相结合的原则的坚持与实践。

2012 年后，包括人权保障法治化的中国法治发展阶段从 1.0 到 2.0 的飞跃，是渐进特征的重要表现。1.0 阶段始于 1978 年的党的十一届三中全会。在这次会议上，社会主义民主和社会主义法制被强调，并提出了“有法可依、有法必依、执法必严、违法必究”的法制建设的方针。2.0 阶段始于 2012 年，其法治化的系统设计在 2014 年的党的十八届四中全会得以通过。提高立法质量，规则体系先行，法治建设重心逐步转向法律实施及其法律运作体制的完善。系统性推进对于渐进性是一种超越也是更高层次上的回归。此次会议提出法治国家、法治政府、法治社会一体建设，依法治国、依法执政、依法行政共同推进，以“科学立法、严格执法、公正司法、全民守法”作为新阶段法治建设的基本方针。党的十九大在尊重和保障人权的基础上，提出加强人权法治保障，这是从理念和原则向制度发展的拓展，是制度发展走向成熟和定型的重要表现。

（三）以促进各项人权全面、协调、可持续发展为特征的人权保障法治化

公民权利与政治权利、经济社会文化权利，个体人权和集体人权，应当随着经济社会的进步全面、协调、可持续地发展。全面，要求不能有缺漏，人人都有平等的机会、资格、能力依法享有应当享有的人权；协调，意味着不能不平衡，对于人权保障的“弱项”要给予重点关注；可持续，要求在代际间保证人权保障水平的维持、均衡乃至进步。正如 2015 年联合国世界首脑峰会通过的《变革我们的未来：2030 可持续发展议程》中提及的，“17 个可持续发展目标和 169 个具体目标展现了这个全球新议程的规模和雄心”“它们是一个整体，不可分割，并且兼顾了可持续发展的三个方面：经济、社会和环境”①。

这要求人权保障的法治化能够及时识别并回应社会人权需求及其变化、发展。在迅速发展的中国，各类人群的人权需求的发展变化是显著的，甚至是剧烈的。具体表现为各种权利意识的快速增长。比如，公民对社会公共事务和国家事务的知情权、表达权、参与权和监督权等权利要求的增长，这种增长来自公民保护人身和财产以及其他经济社会文化权利的促进。这就要求为这些权利要求提供制度化的确认使其法定化，为法定化的权利提供制度化、程序化的行使机制，不仅能够在“众声喧哗中”汇集有价值的诉求，还能够打捞“沉没的声音”。当法定化的权利不能

① 联合国文件：Transforming Our World：The 2030 Agenda for Sustainable Development，U. N. Doc：A/RES/70/1. 21 October 2015。

顺利实现甚至受到侵犯，司法等部门提供救济的机会。“公民参与重大行政决策制定程序制度”的逐步建立，就是立法保障对人权需求的回应。

党的十九大提出打好决胜小康三大攻坚战，即打好“防范化解重大风险、精准脱贫、污染防治”三大攻坚战，是对当前人权发展“弱项”的回应。近年来在立法和政策方面，完善了多项涉及国家安全和公共安全的立法，出台了系统的精准脱贫的政策和法规，调整了《环境保护法》等多项污染防治相关立法，有力改善人权保障制度发展不平衡的状况。

（四）以促进社会公平作为人权保障法治化的价值内核

社会公平正义是保证人民平等参与、平等发展权利的关键。人权保障法治化的价值内核是促进社会公平正义，从而保障公民平等地享有权利、分享社会发展的成果、实现个体的全面发展。法律制度的创新是促进社会公平的重要保证，通过立法、执法、司法和守法努力克服经济社会发展进程中有违公平正义的现象。

自党的十六届四中全会提出构建和谐社会目标以来，社会公平正义被放到了更为重要的位置。党的十八大提出了建设权利公平、机会公平和规则公平的社会公平保障体系。2014 年 1 月 7 日，习近平在中央政法工作会议上重申，“理国要道，在于公平正直”；强调“把促进社会公平正义作为核心价值追求，把保障人民安居乐业作为根本目标”。[①] 党的十八届四中全会进一步提出要“强化规则意识”，“加快完善体现权利公平、机会公平、规则公平的法律制度”。

权利公平是目标，机会公平是前提，规则公平是关键。机会公平也是权利的公平，规则的公平配置并保障机会和权利的公

① 《公平正义的阳光为何普照　坚定我们的制度自信》，载于《人民日报》2019 年 12 月 12 日。

平。换而言之，机会是一种权利，获得机会就是获得参加某种活动的权利，这种权利应由相应的规则来配置和赋予。[①] 因此，由于机会是由规则来配置和赋予的，规则的公平对于机会的公平就具有决定性的意义。不公平的规则必然破坏机会的公平。机会不公平，权利也就不公平。因此，规则的公平是保障机会公平、实现权利公平的关键。

公平地制定规则是实现规则公平的前提，因此民主决策和民主立法是必须的，通过程序民主达到实质正义。公平地实施规则是实现规则公平的重点，因此严格司法和公正司法是必须的，通过权利义务的调整以实现实质正义。

人权保障的法治化以人权保障制度的建立与实施为中心，强调人权的平等享有、平等保护和平等实现，依赖科学民主的立法、严明的执法、公正的司法和普遍的守法，诉求改革或者废除各种对特殊的权利和利益不公平保护的规则，而这恰恰是全面依法治国的推进重点。

---

① 徐梦秋：《机会的公平和规则的公平》，载于《光明日报》2016 年 4 月 27 日。

第二章

人权保障的法制基础

经过民主程序，为国际组织或者国际人权机构、国内立法机构所通过的人权保障相关的法律性规范，奠定了人权保障的法制基础。他们包括了丰富的国际法和多样的国内法，以国际人权公约和国内宪法为代表，反映了人类社会对人权保障的低限共识和多样化个性发展。因此，鼓励公民参与的立法体制和机制对于人权保障制度的建立是至关重要的。

一、人权保障的国际法依据

人们经过漫长的法律运作已经发现和总结出来一系列对人权保障原则和制度的规律性的认识或者标准，只有符合这些标准的法律制度、行政活动和司法活动才能被认为是符合平等、正义的现代法治精神的。这些标准逐步被国际社会所接受，成为公认的国际准则。这些国际准则在形式上表现为人权保障的国际条约、惯例、习惯法等，这就是国际人权法。

（一）国际人权法的主要内容

人权问题以及人权保障的国际化，萌芽于第一次世界大战之后协约国和各参战国签订的诸合约中，是在 1945 年联合国成立后逐渐完成的。国际人权法包括普遍性国际人权法和区域性国际人权法。

1948 年 12 月 10 日，联合国大会通过了人权委员会起草的《世界人权宣言》，为人权保障提供了基本框架。1966 年 12 月 16 日第 21 届联合国大会通过了《公民权利和政治权利国际公约》和《公民权利和政治权利国际公约任意议定书》等国际公约，确认了一系列保障公民权利和政治权利的基本的国际准则。同时，联合国大会也通过了《经济、社会和文化权利国际公约》，为人权保障制度的国际体系奠定了基础。两个人权公约对《世界人权宣言》未涉及的内容有所增补，一是，“任何鼓吹战争的宣传”“任何鼓吹民族、种族或宗教仇恨的主张，构成煽动歧视、敌视或强暴者，都应以法律禁止”。二是，也是最重要的增补，确认“所有民族均享有自决权”和“自由处置他们的天然财富和资源”。与《世界人权宣言》不同，公约要求各缔约国承担法律上的权利和义务，是具有约束力的国际条约。

在人权保障领域，还有一些专门性的条约。主要包括：

1. 消除各种歧视

如《防止及惩治灭绝种族罪行公约》《消除一切形式种族歧视公约》《禁止并惩治种族隔离罪公约》《关于就业和职业歧视公约》《反对体育领域种族隔离公约》等。

2. 妇女儿童权利保护方面

如《妇女政治权利公约》《消除对妇女一切形式歧视公约》《儿童权利公约》等。

3. 禁止奴隶制和强迫劳动方面

如《废止奴隶制、奴隶贩卖及类似奴隶制之制度与习俗补充公约》《废止强制劳动公约》等。

4. 保护被拘禁者权利

如《禁止酷刑和其他残忍、不人道或有辱人格的待遇或处罚公约》。

（二）国际人权法对中国人权保障法治化的影响

迄今为止，中国已经加入了 26 个世界人权公约[①]。其中，1997 年中国签署了《经济、社会和文化权利国际公约》（以下简称《公约》），2001 年全国人民代表大会常务委员会决定予以批准，同时对该《公约》第 8 条第 1 款（甲）项予以保留。1998 年，中国签署了《公民权利和政治权利国际公约》，但全国人民代表大会常务委员会尚未批准该公约。

国际人权法在中国的实施问题，直接影响到人权保障法治化的状况与进程。需要从国际和国内，立法和司法综合起来看。

1. 国际人权公约中对缔约国实施的要求

缔约国是国际人权公约最主要的权利和义务主体。缔约国实施国际人权公约的过程，是“国家按照国际法，通过条约，承担国际义务，对实现基本人权的某些方面进行合作与保证，并对侵犯这种权利的行为加以防止与惩治”[②]。缔约国根据国际人权公约所承担的义务包括程序义务和实体义务两个方面。一是缔约国向国际组织履行一定的程序义务。具体来说，包括提交报告的义务、接受相关人权委员会监督的义务、成为国家间指控和个人申诉对象、出席有关司法诉讼并履行司法判决的义务（只规定在区域性国际人权公约中）。对于中国来说，前两项特别是第一项是主要的需要履行的义务。第三项只有在发生国家间指控或者个人申诉时才可能产生。二是根据公约的规定，缔约国应当保证国际人权公约的具体内容在国内的实施。《公民权利和政治权利公约》要求“本公约每一缔约国承担尊重和保证在其领土内和受其管辖的一切个人享有本公约所承认的权利”。这就意味着缔约

① 张雪莲：《国际人权公约在我国法院的适用》，载于《广州大学学报》2018 年第 9 期。

② 王铁崖：《国际法》，法律出版社 1981 年版，第 261 页。

国有义务采取措施保证其公民享有公约规定的公民权利和政治权利[①]。这些措施包括立法、司法以及行政等方面的职权行为。需要注意的是，根据我国国内法，我国缔结国际条约的权力由全国人民代表大会常务委员会、国家主席和国务院共同行使；同时，根据相关法律、法规的规定，我国参加的相关国际条约可以或者应当得到国内相关国家机关的适用。有学者认为，这仍然无法明确国际人权公约能否成为我国的一种法律渊源[②]。

2. 实施国际人权公约的国内立法义务

在不明确国际人权公约能否在缔约国内直接实施或者自动执行时，在缔约国内实施国际人权公约的主要方式，是通过对国内相关立法的立改废，从而将国际人权公约的规则转化为国内法。第一步是对现行国内法律进行评估，分析是否符合国际人权公约的要求。如果存在不一致，则考虑有两种解决方法：一是对法律进行修订或者制定新法；二是不一致的国内立法是否有可能得到保留。通常来说，缔约国在正式加入某项国际人权公约之前，都会做这样的评估和分析，承诺并修改国内法律，或者提出保留的谈判要求。

3. 国际人权公约的国内司法适用

缔约国司法机关对侵犯公约规定的人权的行为进行制裁或司法补救。关键的问题是，在司法机关裁判时，依据的是经过转化的国内法还是直接适用国际人权公约。有的缔约国以公约的具体内容作为裁判的根据，也有缔约国在国内判决中采纳公约的原则和精神，如加拿大就有这样的判例。我国适用国际公约的一般规则是：如果国际条约的内容与国内法律法规不一致的，除声明保留的事项外，适用国际条约的规定。可以直接适用条约的法律规

---

① 谭世贵：《国际人权公约与中国法制建设》，武汉大学出版社 2007 年版，第 98 页。

② 班文战：《国际人权法在中国人权法制建设中的地位和作用》，载于《政法论坛》2005 年第 3 期。

定，都以涉外为前提，在内容上几乎没有涉及人权领域。张雪莲研究了我国法院在判决书中法院主动援引国际人权公约的五起案件[①]。这五起案件全部涉及《儿童权利公约》第三条规定的“儿童最大利益”条款，该条款经儿童权利委员会具体化后具有了更强的司法适用性。法院对该条款的适用，还是以间接适用为主，也就是不作为判决依据，而是作为司法推理中的支持理由或判决结果的确认理由。之所以谨慎对待直接适用国际人权公约，主要原因还是缺乏明确的法律依据。学界主流观点也认为，“当事人不能在人民法院中直接引用我国已经批准的国际人权公约来保护自己的权利，而必须依据实施国际人权公约的国内立法的规定来保护自己的权利。法官也不能在审判案件时直接引用国际人权公约的规定作为判决案件的法律依据”[②]。

（三）国际人权法与中国国内法的差异及其解决

将两个国际人权公约与我国宪法中的人权规定进行比较，在总体精神一致的前提下还存在不少差异。包括人权的种类和范围、人权的内容、规定人权的方式、国家权力与个人权利的关系等方面，有许多不同[③]。比如，我国宪法没有规定民族自决权等集体人权，以及迁徙自由、沉默权等个体人权。我国以法律、法规为主体的国内人权立法，在内容上与国际人权公约是基本一致的，同时也存在不少冲突。比如，《刑事诉讼法》规定的如实供述义务与《公民权利与政治权利国际公约》中规定的沉默权、“不得强迫自证其罪”的冲突。

产生这些差异和冲突的原因是多方面的，包括国际人权公约

---

① 张雪莲：《国际人权公约在我国法院的适用》，载于《广州大学学报》2018 年第 9 期。

② 莫纪宏：《国际人权公约在中国的实施——访中国社会科学院法学所莫纪宏研究员》，载于《人权》2008 年第 1 期。

③ 刘志刚：《人权的立法保障》，复旦大学出版社 2015 年版，第 18 页。

和我国宪法、法律制定时空背景的差异，国际人权公约内容的西方“烙印”，我国现实的经济、社会、文化条件的约束等。所以，对于不一致的地方，我们或者运用声明保留的方式，而到目前为止，我们还没有正式批准《公民权利和政治权利国际公约》。

针对现实存在的诸多差异和不一致，中国一直以积极的态度去正视并面对。特别是在国内人权立法方面，以“小步走、不停步”的方式，配合我国人民人权需求的增长、改革开放的进程，逐步加以推进。比如，废除与人身自由权相关的收容遣送制度和劳动教养制度，推进居住证制度改革户籍管理制度，极大改善了流动人口的教育等公共服务的获得水平，社会保障制度的改进与落实的成就尤其显著。

当然，在更好地履行国际人权公约的义务方面，还有很多工作可以做。例如，健全和实施宪法解释和宪法监督，推进合宪性审查工作；有序完善相关领域的立法；采取行政措施或者出台公共政策；在司法实践中探索国际人权公约的援引甚至适用等。

二、人权的宪法保障

人权观念和理论推动了近代宪法的产生和发展，宪法产生之后，也制度化地确认了人权，成为人权的制度化保障①。

（一）人权宪法保障的功能

人权保障入宪的体系性功能包括层进的三个方面，即人权观的宪法表达、人权制度的宪法安排以及人权的宪法保障。

① 刘志刚：《人权的立法保障》，复旦大学出版社 2015 年版，第 25 页。

1. 人权观的宪法表达

在宪法中明确规定基本人权原则，或者规定公民基本权利的内容，表明宪法在人权问题上的基本立场、观点和政策。

2. 人权制度的宪法安排

宪法中规定人权的具体内容和范围。各国宪法中的人权内容不大相同，包括运用的语词也不尽一致，经历了逐步发展的过程。一般来说，“19 世纪以前，西方各国对人权的确认大多限于生命权、自由权、平等权和财产权”①。“而第二次世界大战以后，不仅个人的政治、经济和文化方面的人权的内涵不断丰富，社会保障权也开始在宪法中体现。尤其是在社会主义国家和广大发展中国家，生存权和发展权备受重视。”②

3. 人权宪法保障的具体制度

在宪法中明确对人权实现、免于受侵犯以及受侵犯后如何救济的制度。具体而言，一是国家权力的运行体制、机制与规则。我国《宪法》在确认人民主权原则的前提下，以代议制原则组成国家机构，依循“议行合一”的原则处理国家机构之间的关系，以确保国家职能包括人权保护职能的有效实现。二是对于违反宪法包括违反宪法中公民基本权利与自由规定的行为监督与审查。各国普遍建立了延续本国历史传统、适合本国国情的违宪审查制度，以保障宪法规定的人权。

（二）中国宪法的人权观表达

在 1949 年以前，各派政治力量相继制定颁布宪法，在宪法中不同程度地确认和保障了人权。比如 1912 年的《中华民国临时约法》。新民主主义革命时期，根据地政权也制定了宪法性文

---

① 刘志刚：《人权的立法保障》，复旦大学出版社 2015 年版，第 25 页。

② 李步云、邓成明：《论宪法的人权保障功能》，载于《中国法学》2002 年第 3 期。

件明确人权保障制度，比如《中华苏维埃宪法大纲》。

新中国成立以后，在不同的历史阶段，中国颁布了多部宪法性文件和宪法，其中不同程度规定了人权保障制度。1954 年宪法规定公民享有广泛的权利和自由，其内容包括平等权、政治权利和自由权、人身自由权、社会经济文化权利等。1982 年宪法设专章规定了公民的基本权利。2004 年修宪时，将“国家尊重和保障人权”写入宪法。

1. 人权保障入宪的背景

我国《宪法修正案》第二十四条规定，在《宪法》第三十三条中增加一款，作为第三款：“国家尊重和保障人权。”这是我国宪法中首次引入“人权”概念。将尊重和保障人权写入宪法，从国内来说，体现了主流意识形态对人权价值的认同和全体人民对人权保障的需求。从国际来看，能够更好地践行人权保障的国际义务。中国共产党直接推动了人权保障入宪，为尊重和保障人权提供宪法保障。在 2004 年修宪时，同时将与人权及其保障有关系的多处地方进行了修改，比如关于紧急状态、健全社会保障制度、公民私有财产权等方面的修改。

2. 人权保障入宪的意义

人权保障入宪，是我国宪法史和人权保障史上具有里程碑意义的重大事件。2004 年宪法修改之后，学界对此做了非常深入的讨论。归纳起来，在政治意义上，人权保障入宪彰显了宪法的本质和精神，在国际和国内两个层面促进了人权保障水平的提升[①]。有学者认为，2004 年宪法修正案“……折射了官方意识形态关于个体、社会和国家之间关系的重新考量和阐释，表现出在保持对社会平等、集体认同、共同福利的尊奉的同时，释放和归还曾被不正当压抑和否定的生命个体的个性、尊严、自由和利

① 刘志刚：《人权的立法保障》，复旦大学出版社 2015 年版，第 35 页。

益，表征对于主权在民社会治理模式的反思和探索……”。[①] 在法规范意义上，尊重和保障人权的原则统摄公民基本权利与自由，对于宪法中明确的各项人权的保障与救济提供了宪法支持，更加明确了国家权力运行的边界，其对立法和司法实践的规范意义不可低估。同时，学者们也提出了新的课题：尊重和保障人权原则如何进行阐释？其在宪法实施、立法和司法实践中的价值如何实现？这对于该原则不仅具有宣示性价值，而且具有法律实施性价值是非常重要的。

（三）中国宪法人权保障的间接性特征

综观各国宪法，其人权保障有直接保障和间接保障两种模式。间接保障，从宪法规定的形式的角度来说，就是宪法原则性地规定保障人权，但又规定了限制人权的例外情况，并允许制定专门性法律来限制人权的行使。从宪法规定的保障内容来看，是指宪法的保障性规定，相对概括、简洁，一般不通过禁止性规范限制政府对人权的侵犯，来达到保障的目的，若要保障必须制定配套性的法律规范。

我国现行宪法的规定属于间接保障。中国宪法强调公民基本权利和义务的一致性。明确规定，公民享有宪法和法律所规定的权利的时候，同时还必须履行宪法和法律规定的义务。而且，公民在行使宪法权利的时候，不得损害国家的、集体的利益和其他公民的合法的自由和权利。宪法中没有对国家权力的行使有禁止性规定，也允许制定法律对公民人权的行使给予必要的、符合宪法精神的限制。

以公共利益作为基本权利的限制是各国宪法的通例。所谓公共利益，一般来说，是关涉所有人的或大多数人的整体、根本、

---

① 张文显、刘红臻：《人权的宪法载列与保障：理由、进展与努力的方向》，载于《“人权入宪”与人权法制保障》，团结出版社2006年版，第112页。

长远利益，例如，保护生态环境，遏制恶性疾病蔓延、维护公共安全等。以公共利益原则来限制基本权利，可能带来的危险是“公共利益优先”，公共利益条款成为对国家权力的空白授权，进而危及基本权利的保护[①]。也有可能出现“基本权利内容过窄”的问题，公共利益内在于基本权利之中，降低了人权保障的现实价值。因此，严格界定“公共利益”并明确其适用条件是非常有必要的。在立法实践中，以专门法律规定限制人权，应当是明确而精准的，概括而模糊的授权对人权保障的危害不小。对于相关规定应适时进行合宪性审查。在司法实践中，应当谨慎而严格地适用公共利益原则。

（四）中国宪法人权保障的具体制度及其实施

“国家尊重和保障人权”这一人权保障的宪法条款强调了国家在尊重和保障人权方面的义务。在消极方面，国家有义务自我控制国家权力对人权的侵害；在积极方面，国家有义务满足与促进人权需求，积极而适度地干预公民生活[②]。国家履行其尊重和保障人权的途径是多方面的，首要的是“树立宪法的权威，推进宪法的实施”。

1. 健全和完善宪法解释制度

我国现行《宪法》第六十七条规定，全国人民代表大会常务委员会“解释宪法，监督宪法的实施”。由有权机关依照一定的程序，对宪法的含义做解释和说明，通常包含两种情形：一是宪法解释机关不针对具体案件而单独做出的宪法解释决议；二是在违宪审查过程中，为了判断法律的合宪性而做出解释[③]。宪法解释是具体运用、实施宪法的基本形式。我国由于没有明确规定

---

① 张翔：《公共利益限制基本权利的逻辑》，载于《法学论坛》2005 年第 1 期。

② 韩大元：《宪法文本中人权条款的规范分析》，载于《法学家》2004 年第 4 期。

③ 韩大元：《论当代宪法解释程序的价值》，载于《吉林大学社会科学学报》2017 年第 4 期。

宪法解释的程序，宪法解释制度通常“置之高阁”。党的十八届四中全会提出了健全和完善我国宪法解释制度的任务，重点是完善宪法解释的程序机制，使宪法解释法治化。可以从提议主体和事由、议事程序、文件名称、效力地位5个方面对宪法解释制度进行体系化改造①。

2. 推进合宪性审查工作

党的十九大报告提出，“加强宪法实施和监督，推进合宪性审查工作。”合宪性审查，是指有权的国家机关通过法定程序和方式，对有关的规范性文件是否符合宪法进行审查并作出判断的行为和制度②。其直接目的是通过对违宪行为的否定以使宪法的规定和精神得到实现。合宪性审查“是公民在法治框架内表达利益诉求、维护基本权利的重要机制，任何减损甚至剥夺公民权利、损害公民利益的立法行为及其他公权力行为都将面临宪法层面的拷问，可以为人权保障提供最终的宪法性救济渠道。”③ 我国的合宪性审查工作由全国人民代表大会常务委员会负责。在实践中，这项工作目前主要以备案审查的方式运行，也包括对法律草案的合宪性审查。

三、人权的立法保障

以制定人权立法的方式保障人权，是人权保障法治化的首要途径。目前，我国在人权立法方面已经形成了以宪法为核心，以法律为主干，包括地方性法规、行政法规等规范性文件在内的，由多个法律部门组成的中国特色社会主义人权保障法律体系，其

① 张剑平、陈剑清：《论我国宪法解释制度的体系化改造》，载于《长春师范大学学报》2018年第7期。

②③ 苗连营：《合宪性审查的制度雏形及其展开》，载于《法学评论》2018年第6期。

内容涵盖公民在政治、经济、社会、文化以及司法等方面享有的诸多权利和自由。

（一）人权立法保障的主要任务

人权立法保障有两个主要任务，即形成基本权利和限制基本权利①。所谓形成基本权利，就是通过立法对宪法中基本权利的内容予以规定。所谓限制基本权利，就是以法律的方式对基本权利施加正当性限制。

1. 形成基本权利

宪法对于公民基本权利与自由的规定是非常原则的，在文字表述上概括、简洁，带有“纲领性”的特点。这些规定在经由立法者制定法律加以具体化之前，很难产生直接的法律效果。宪法权利中涉及较多公民私权利，但是宪法权利本身是公法上的权利，如果直接实施会影响到民商事等私法的实施。还有一个很重要的因素是，简洁的表述之中蕴含着丰富内涵的可能。随着时代的进步，在代际之间出现了对于同一种权利的不同的立场、理解和解释。更具有灵活性的立法能够缓解以往立法与现实需求之间的紧张关系。

2. 限制基本权利

前文谈及以公共利益原则来限制基本权利。在立法实践中，从实体上看，需要对公共利益原则做进一步的规定和阐发。从程序上看，依赖有权机关依照法定程序和方式规定与阐释公共利益。即便如此，公共利益的内涵和外延总是显得模糊不清。我国《宪法》第五十一条关于“公民在行使自由和权利的时候，不得损害国家的、社会的、集体的利益和其他公民的合法的自由和权利”，在理解、解释和运用的时候，总是遭遇到对“公共利益”的扩张的理解。因此，通过立法的方式将国家的、社会的、集体

① 刘志刚：《人权的立法保障》，复旦大学出版社 2015 年版，第 66 页。

的利益，其他公民的合法的自由和权利等概念在具体的法域中加以具体化是非常有必要的，它可以为公共利益原则的实现提供更具有操作性的手段。

3. 具有形成与限制基本权利作用的法律保留原则

法律保留原则渊源自法国《人权宣言》，其第四条明确了“基本权利的限制”：自由包括从事一切不损害他人行为的权利。因此，行使个人的自然权利只能以保证社会的其他成员享有同样的权利为限。这些界限只能由法律确定。其第五条明确了“基本权利限制的限制”：法律只有权禁止有害于社会的行动。凡未经法律禁止的一切行动都不受阻碍并且任何人不得被迫从事未经法律命令的行动。进入20世纪特别是第二次世界大战以后，国家任务发生结构性变迁，国家的积极职能日益扩大，法律的功能和内容也发生了变化。法律保留原则不仅仅是“限制基本权利”和“基本权利限制的限制”，还包括“基本权利的形成”。也就是说，法律保留对于人权保障来说，既是“负面清单”，也是“正面清单”。

4. 我国《立法法》上的法律保留制度

在现代意义上，法律保留是指专属于立法机关的专属立法事项，只能由立法机关以法律的形式加以规定，这些专属立法事项包括对基本权利的限制等内容。我国《立法法》第八条规定了只能制定法律的事项，第九条规定了不得授权给国务院立法的事项，两条规定构成了我国的法律保留制度。其中第八条的十项内容，都直接或者间接与公民基本权利与自由有关联：（1）国家主权的事项；（2）各级人民代表大会、人民政府、人民法院和人民检察院的产生、组织和职权；（3）民族区域自治制度、特别行政区制度、基层群众自治制度；（4）犯罪和刑罚；（5）对公民政治权利的剥夺、限制人身自由的强制措施和处罚；（6）税种的设立、税率的确定和税收征收管理等税收基本制度；（7）对非国有财产的征收、征用；（8）民事基本制度；（9）基本经济制度以及财政、海关、金融和外贸的基本制度；（10）诉讼和仲裁制度。第九条规定“有关犯罪和刑罚、对公民政治权利的剥夺和限制人身自由的强制措施和处罚、司法制度等事项”如果没有制定法律的，不能授权国务院制定行政法规。这条规定属于“基本权利限制的限制”，以避免行政立法对公民基本权利的不当限制。

5. 其他立法中的法律保留的规定

在我国的行政法当中，确立了“设定权”制度。所谓设定权，明确了我国各有权立法的机关在设定行政处罚、行政许可、行政强制等法律事项的立法权限，其中内含着法律保留的精神，防止行政机关在没有法律依据的情况下擅自以行政措施对公民的人身自由和财产权等进行限制甚至剥夺。

具体来说，在《行政处罚法》中，其第九条第二款规定，限制人身自由的行政处罚，只能由法律设定。《行政强制法》中，第九条和第十三条明确“行政强制措施”和“行政强制执行”由法律设定，行政法规只能在尚未制定法律的情况下，设定“查封、扣押”等行政强制措施。《行政强制法》的规定比《行政处罚法》更为严格，也更为贴近和符合《立法法》中关于法律保留规定的原意。

（二）我国的人权保障法体系

我国对人权保护的立法，通常有两种形式，一是在一般性法律中加以保障，如《刑法》，二是制定专门法律予以保障，如《妇女权益保障法》。从立法位阶上来看，包括基本法律、与之相配套的行政法规、规章，以及执行性的规范性文件。

1. 基本法律对人权的保障

我国基本法律对人权的保障有两大部分，即实体法保障和程序法保障。实体法包括民法、刑法、劳动法、义务教育法等一般性立法；也包括《游行示威法》《妇女权益保障法》《老年人权益保障法》《未成年人保护法》《国家赔偿法》等专门性人权立法。程序法包括民事诉讼法、刑事诉讼法和行政诉讼法三大诉讼程序法和《行政复议法》等行政性程序法。实体法确认公民的民事权利、劳动权利、受教育的权利，明确犯罪的界限和刑罚的类型。程序法为权利保护提供救济的途径和方法。

2. 法规对人权的保障

我国有立法权的地方人民代表大会及其常务委员会有权制定地方性法规，国务院有权制定行政法规。法规层面对于人权保障的主要价值，一方面，在于制定更为具体的规定为公民权利的实现和保护创造更好的条件、提供更明确的处理规则，比如类似《中小学生人身伤害事故预防与处理条例》《未成年人保护条例》等立法。另一方面，其价值也在于制定更为具体的规定明确权利界限和行使的条件，处理公民基本权利与公共利益、他人权利之间的可能冲突，更好地维护公民权利和公共利益。比如类似《养犬管理条例》等立法。法规层面的立法能够更好地配合基本法律或者在基本法律没有规定的情况下，为人权保护提供制度保障。

四、人权保障的立法制度

我国立法体制的特点是“一元、两级、多层次”，全国人民代表大会和省级地方人民代表大会都具有立法权。在 2015 年《立法法》修改以后，具有地方立法权的地方人民代表大会拓展到设区的市人民代表大会，有立法权的地方立法主体进一步增多。同时，在行政系统，国务院及其各部委、省级人民政府、设区的市人民政府有行政立法权。虽然《立法法》的法律保留原则限制了地方立法和行政立法“染指”人权领域的可能性，在实践中由于立法理念、立法体制、立法程序、立法技术等多方面的制度性原因和经济社会发展阶段的约束，公民基本权利和自由受到立法乃至规范性文件不当限制的现象并不少见。由于立法机关立法不作为或者法律缺漏，人权被“虚置”的现象也不同程度的存在。因此，必须重视立法制度特别是与人权保障相关的立法制度，以提高立法质量。

（一）立法规划重视人权保障领域立法的“立改废”

2012 年，我国正式宣布社会主义法律体系基本建成，立法工作从“有法可依”阶段转入“科学立法”阶段。制定立法规划并向社会公布，是落实科学立法的重要方面。有计划、有步骤地对立法进行“立改废”，满足改革开放和社会发展对立法的需求。

我国第十三届全国人民代表大会常务委员会于 2018 年 9 月公布了《立法规划》。规划共分为三类，即条件比较成熟、任期内拟提请审议的法律草案（69 件）、需要抓紧工作、条件成熟时提请审议的法律草案（47 件）、立法条件尚不完备、需要继续研究论证的立法项目①。对 116 件法律草案进行分析，与人权保障关系比较密切的共有 23 件，包括行政处罚法、行政复议法、民法典诸编、治安管理处罚法、学前教育法、社区矫正法、基本医疗卫生与健康促进法、4 个生态环境保护污染防治法、个人信息保护法、数据安全法、粮食安全保障法、未成年人保护法、社会救助法、刑法修正案、刑事诉讼法、国际刑事司法协助法、职业教育法、退役军人保障法、老年人权益保障法、民事强制执行法等。范围涉及公民人身权利、财产权利以及经济社会文化权利，还包括特殊人群人权保障以及新型权利的内容。

2019 年 5 月国务院公布了该年度的立法工作计划②，其中拟制定、修订行政法规 41 件，与人权保障关系比较密切的有 4 件，包括未成年人网络保护条例、保障农民工工资支付条例、消费者

① 《十三届全国人大常委会立法规划》，中国人大网，2018 年 9 月 10 日，http：//www. npc. gov. cn/npc/xinwen/2018 -09/10/content_2061041. htm。

② 《国务院办公厅关于印发国务院 2019 年立法工作计划的通知》，中国政府网，2019 年 5 月 1 日。

权益保护法实施条例、城镇住房保障条例等。

对于立法机关来说，不管是为了因应国际人权公约的要求对公约内容积极进行“国内法转化”，还是为了更好地实施《宪法》的人权保障条款，都必须履行好人权保障立法的义务。否则，宪法中的各项人权就只能处于根本法的“神坛”之上了。诚如德国学者黑塞所言：“为了使基本权的功能能够得以发挥，因此绝大部分基本权所应保障的生活领域与生活关系，都需要法律上的形成，这种形成主要是立法的任务”。①

（二）立法评估对人权保障立法实施与完善的价值

立法评估包括立法前评估和立法后评估。立法后评估启动更早②，源于20世纪80年代的执法检查，自2010年起，全国人民代表大会对部分法律的制度设计、实施效果、存在问题等进行跟踪、调查、评价并提出改进意见。2012年，全国人民代表大会常务委员会对《残疾人保障法》的主要法律制度进行了立法后评估③。公布的评估报告肯定了法律制度设计的科学性和实施的成绩，也提出了立法的缺陷和实施中存在的问题，并提出了立法完善的建议。

立法前评估则“试水”较晚，2018年全国人民代表大会常务委员会办公厅印发了两个立法工作规范，《关于立法中涉及重大利益调整论证咨询的工作规范》和《关于争议较大的重要立法事项引入第三方评估的工作规范》。两个规范的基本精神，是引入专家和第三方参与立法的前期论证与评估，以科学调整重大

① ［德］黑塞著，李辉译：《联邦德国宪法纲要》，商务印书馆2007年版，第247页。

② 《十一届全国人大常委会首次审议立法后评估报告》，中央政府门户网站，2011年6月27日，http：//www. gov. cn/jrzg/2011 -06/27/content_1894147. htm。

③ 《全国人民代表大会内务司法委员会关于〈中华人民共和国残疾人保障法〉立法后评估的报告》，中国人大网，2012年8月30日，http：//www. npc. gov. cn/npc/xinwen/2012 -08/30/content_1735375. htm。

利益、处理立法争议。对于人权保障立法来说，立法前评估在立法前更为有效地处理公民权利与公共利益之间的权利、义务、责任和利益的分配问题，避免把争议带到法律生效以后。

（三）立法参与促进人权立法保障水平

公民通过多种途径参与立法活动，是公民政治参与的一种形式。立法过程向公众开放，便于公民参与国家事务管理的民主权利的更好实现。公民立法参与对于促进人权保障具有重要意义。一是体现立法的平等原则，“应当按照一种每个人根据自己的切身利益都有理由同意的程序制定法律。格外重要的，它还坚持每个人都应在某种程度上参与立法进程”[①]。二是体现公民的参政权。党的十七大报告提出保障公民参与权、知情权、表达权和监督权，这是公民参政权实现的前提和基础，被认为是社会主义民主政治的进步。表达权成为一项基本的政治权利，应有相应的制度兑现。知情权是公民的政治权利、社会权利。知情权是公民人权保障的前提条件之一，这既是权利，也是基本权利实现的保障。让公民更为明智和理性地行使自己的权利[②]。公民参与立法的过程，是知情、表达、参与和监督四位一体的过程。三是体现立法的公意性。《立法法》要求立法应当体现人民的意志，从国家整体利益出发。只有立法过程公开和平等参与，才能保障法律的公正性和公意性，才能尽可能避免法律对人权的不当限制与减损。

在我国，公民参与立法的实践已经有很长的过程。早在制定1954 年宪法时，就针对宪法草案在全国范围内开展了深入的讨论和意见收集。在《立法法》等法律法规出台以后，立法参与

---

① ［美］昂格尔著，吴玉章等译：《现代社会中的法律》，中国政法大学出版社1994 年版，第 166 页。

② 杜钢建：《知情权制度比较研究——当代外国权利立法的新动向》，载于《中国法学》1993 年第 2 期。

逐渐制度化、规范化，2015 年又对《立法法》中关于立法参与的听证会形式做了更具体的规定。该法第三十六条规定，“列入常务委员会会议议程的法律案，法律委员会、有关的专门委员会和常务委员会工作机构应当听取各方面的意见。听取意见可以采取座谈会、论证会、听证会等多种形式”。“法律案有关问题存在重大意见分歧或者涉及利益关系重大调整，需要进行听证的，应当召开听证会，听取有关基层和群体代表、部门、人民团体、专家、全国人民代表大会代表和社会有关方面的意见。听证情况应当向常务委员会报告”。除了上述座谈会、论证会、听证会等形式以外，在实践中还有公开征求意见、公民旁听、民意调查以及来信来访等多种形式。

表 2 - 1 为近年来我国人权保障立法公民立法参与的情况。从数据来看，呈逐年增长趋势。同时，可以看出社会公众对于《刑法》和《刑事诉讼法》修改的参与热情。这两部法律也正是与人权保障关联度最高的法律。

表 2 - 1　2010 ~ 2016 年公民立法参与情况汇总

（人权保障一般和专项立法）

草案名称	参与人数（人）	意见条数（条）	年份
刑法修正案（八）	1 221	7 848	2010
刑事诉讼法修正案	7 489	80 953	2011
民事诉讼法修正案	788	8 030	2011
老年人权益保障法	1 418	56 861	2012
行政诉讼法修正案	1 483	5 436	2013
行政诉讼法（二审）	1 586	2 300	2014
刑法修正案（九）	15 096	51 362	2014
刑法修正案（九）（二审）	76 239	110 737	2015
民法总则	13 802	65 039	2016

资料来源：马长山：《新媒体时代的公民立法参与 · 机遇挑战与机制完善》，载于《师大法学》2017 年第 1 期。

在立法程序设计上，公民参与立法处于辅助性地位。每一位参与的公民发表的意见，对于立法机关来说，并不具有法律约束力。因此，更为公开的立法参与，形成对于立法机关的“压力性”意见，能够有效提高立法参与的效果。新媒体议事的“广场化”、便捷高效、传播方式的“多方双向”等特征，与公开性要求恰好契合，有利于打破体制性壁垒和话语霸权，挖掘了更多的公民立法参与的潜能[①]。立法者更应当注意到意见征集的“偏向”“失真”“武断”等非理性问题，通过程序、平台和机制的设计打捞真正的“民意”。

（四）备案审查是人权立法保障的重要保证

备案审查就是对备案范围内的规范性文件是否符合宪法和法律进行审查的活动。通过备案审查，纠正或者撤销各种违宪违法的规范性文件，是监督宪法法律实施的重要制度安排。

目前我国备案审查制度的基本框架是：党委、人民代表大会、政府、军队各系统分工负责、相互衔接的备案审查制度体系。具体而言，全国人民代表大会常务委员会对行政法规、地方性法规、司法解释进行备案审查；国务院对地方性法规、部门规章、地方政府规章进行备案审查；地方人民代表大会常务委员会对本级及下级地方政府规章以及下一级地方人民代表大会及其常委会的决议、决定和本级地方政府的决定、命令进行备案审查；党中央和地方党委对党内法规和党内规范性文件进行备案审查；中央军事委员会对军事规章和军事规范性文件进行备案审查。[②]其中，因为全国人民代表大会常务委员会具有宪法监督权，全国人民代表大会常务委员会的备案审查是宪法监督的重要方式。

---

① 马长山：《新媒体时代的公民立法参与 · 机遇挑战与机制完善》，载于《师大法学》2017 年第 1 期。

② 《关于十二届全国人大以来暨 2017 年备案审查工作情况的报告》，全国人民代表大会常务委员会法制工作委员会，2017 年 12 月 24 日。

2004 年 5 月，全国人民代表大会常务委员会在法制工作委员会内设立法规备案审查室，专门承担对行政法规、地方性法规、司法解释的具体审查研究工作，为全国人民代表大会常务委员会履行备案审查职责提供服务保障。根据全国人民代表大会常务委员会公布的数据显示，十二届全国人民代表大会以来，截至 2017 年 12 月上旬，常委会办公厅共接收报送备案的规范性文件 4 778 件，其中行政法规 60 件，省级地方性法规 2 543 件，设区的市地方性法规 1 647 件，自治条例 15 件，单行条例 248 件，经济特区法规 137 件，司法解释 128 件①。2018 年，制定机关共向全国人民代表大会常务委员会报送备案行政法规、地方性法规、司法解释 1 238 件，其中行政法规 40 件，省级地方性法规 640 件，设区的市地方性法规 483 件，自治条例和单行条例 33 件，经济特区法规 24 件，司法解释 18 件②。

“有件必备、有备必审、有错必纠”的备案审查原则在工作中逐步得到落实。全国人民代表大会常务委员会备案审查发现的问题，通过与制定机关沟通、提出书面研究意见等方式，加大了监督纠正力度。在全国人民代表大会常务委员会法制工作委员会（简称全国人大法工委）提交给全国人民代表大会常务委员会审议的报告中，公布了相关案例。公民、组织依申请提出审查要求和审查建议的案件成为亮点。十二届全国人民代表大会以来，法工委共收到公民、组织提出的各类审查建议 1 527 件。1 527 件审查建议中，属于全国人民代表大会常务委员会备案审查范围的有 1 206 件，其中建议对行政法规进行审查的有24 件，建议对地方性法规进行审查的有 66 件，建议对司法解释进行审查的有 1 116 件。全国人民代表大会法工委 2017 年的报告公布了 10 起

① 《关于十二届全国人大以来暨 2017 年备案审查工作情况的报告》，全国人民代表大会常务委员会法制工作委员会，2017 年 12 月 24 日。

② 《关于 2018 年备案审查工作情况的报告》，全国人民代表大会常务委员会法制工作委员会，2018 年 12 月 24 日。

案件，其中公民提出审查要求或建议的案件，与人权保障相关的案例有三起①：

案例1：根据2016年浙江省1位公民提出的审查建议，对有关地方性法规在法律规定之外增设“扣留非机动车并托运回原籍”的行政强制的问题进行审查研究，经与制定机关沟通，相关地方性法规已于2017年6月修改。

案例2：根据2016年内蒙古自治区1位公民提出的审查建议，对有关司法解释规定“附条件逮捕”制度的问题进行审查研究，经与制定机关沟通，相关司法解释已于2017年4月停止执行。

案例3：根据2017年4位学者联名提出的审查建议，对涉及人口与计划生育的地方性法规中关于“超生即辞退”的规定进行审查研究，于2017年9月致函有关地方人民代表大会常务委员会，建议对有关地方性法规中类似的控制措施和处罚处分处理规定作出修改。有7个省的地方性法规存在上述问题。经督促，各地均已完成相关法规修改工作。

备案审查的制度目标是“维护社会主义法治统一和权威”，落实宪法中的“社会主义法治统一原则”。虽然该制度并没有将人权保障放在首要位置，制度实施的过程和结果对于人权保障的意义是显著的。上述案例1保护了公民的财产权，案例2关涉到公民的人身权，案例3保护了公民的劳动权。

五、重点领域的人权立法及其进展

保障人权的立法涵盖了法律体系中各部门法。从实体法上来

① 《关于十二届全国人大以来暨2017年备案审查工作情况的报告》，全国人民代表大会常务委员会法制工作委员会，2017年12月24日。

看，刑法、民法以及社会法等，关注公民的人身权、财产权和重要的社会权利，由于保护利益广泛、重要，在人权立法保障方面的作用非常突出。改革开放以来，中国立法机关不仅即刻着手刑事领域基本法和民事领域基本法的制定，而且随着人权保障的需要不断进行修改，以更加充分地保障公民的各项基本权利。

（一）人身权的基本法律保障

人身权是指公民依法所享有的涉及其生存和发展空间安全的自由度[①]。人身权是公民在社会中生存和发展的基本权利，公民依法享有人身性质的权利并有自主决定的自由。对于公民人身权进行限制或者剥夺的决定，只能由有权机关依法定程序作出，公民对该决定有提出诉讼的权利。因此，立法对人身权进行保障的基础，一是公民作为权利主体的人格的独立性，二是公民享有人身权对于国家权力的防御，三是公民享有人身权对于国家保护的需求。

1. 人身权的权利类型

我国对公民人身权利的立法囊括了带有人身性质的诸法律权利。主要包括：国籍权、人身自由权、生命健康权、人格权、姓名权、肖像权、名誉权、监护权、代理权、住宅不受侵犯、通信自由和通信秘密权、知识产权（人身权和财产权双重属性）、环境权等。在广义上，婚姻家庭权也包括在内。

2. 人身权的宪法保障

我国宪法对公民人身权利的保障主要有四个方面：一是人身自由权。宪法规定，中华人民共和国公民的人身自由不受侵犯。任何公民，非经人民检察院批准或者决定或者人民法院决定，并由公安机关执行，不受逮捕。禁止非法拘禁和以其他方法非法剥夺或者限制公民的人身自由，禁止非法搜查公民的身体。二是人

---

① 林喆：《公民基本人权法律制度研究》，北京大学出版社 2006 年版，第 38 页。

格尊严。宪法规定，中华人民共和国公民的人格尊严不受侵犯。禁止用任何方法对公民进行侮辱、诽谤和诬告陷害。三是住宅不受侵犯。宪法规定，中华人民共和国公民的住宅不受侵犯。禁止非法搜查或者非法侵入公民的住宅。四是通信自由和通信秘密权。宪法规定，中华人民共和国公民的通信自由和通信秘密受法律的保护。除因国家安全或者追查刑事犯罪的需要，由公安机关或者检察机关依照法律规定的程序对通信进行检查外，任何组织或者个人不得以任何理由侵犯公民的通信自由和通信秘密。宪法没有对公民的生命权和健康权做出明确的规定。

宪法以“禁止非法”的表述表明，有权机关依法可以决定逮捕或者决定其他限制人身自由的方法，也可以依法搜查公民的身体、搜查公民的住宅以及对通信进行检查。同时排除了非公、检、法等的其他组织或者个人对公民人身权利进行限制的可能。在宪法没有规定无罪推定、任何人没有自证其罪的义务、有获得迅速审判的权利、禁止刑讯和非法证据排除等司法准则的情况下，宪法对人身权利的保障水平与明确公安机关、检察院和法院的职权及其行使程序的法律制度状况具有非常密切的关系。也就是说，《刑法》《刑事诉讼法》《治安管理处罚法》等法律对限制或者剥夺公民人身自由等权利的权力约束不足，同时实践中公检法机关的工作人员对公民人身自由等权利也不够重视，导致操作中出现严重侵犯公民人身自由等权利的事件，甚至出现冤假错案。2012 年以来的司法体制改革和《刑法》《刑事诉讼法》等法律的修改，从人权保障法治化的角度来看，即是弥合宪法和法律之间对于公民人身权保障的差距，使宪法对于人身权的保障不至于“悬空”，能够经由基本法律真正落实到位。

3. 刑法对人身权的保障制度

刑法对人身权的保护是在三个层面上展开的。首先，对刑事被告人的人权保障，保护被告免受刑法之外的危害，保护其剩余的其他人权。其次，对侵犯人身权的犯罪的惩治，保护刑事被害人人身权利。最后，通过个案的定罪量刑，对犯罪行为的惩戒，对一般人权进行保护。

我国1997年3月出台的新刑法做了一次比较全面的修订，在人权保障方面有重大进展。其后，又陆续出台了十个刑法修正案。

罪刑法定原则的最终确定。1997年《刑法》第三条规定：法律明文规定为犯罪行为的，依照法律定罪处罚；法律没有规定为犯罪行为的，不得定罪处罚。新刑法废除了1979年《刑法》中类推制度，取消了重法有溯及力等一系列不利于人权保护的规定。它标志着我国刑法开始由过去那种偏重于对社会整体利益的保护向保护社会整体利益和保障个人利益并重的结构性转化，极大提升了刑法在人权保障方面的作用。

宽严相济的刑事政策在刑法中的体现。宽严相济是我国基本的刑事政策，体现惩办与宽大相结合，有利于保障人权。在刑法中，具体体现在：一是刑罚的规定与适用。以死刑为例，死刑是最严厉的刑罚类型。近年来，刑法中保留死刑的罪名逐渐减少，目前为46个①。刑法规定死刑之适用于罪行极其严重的犯罪分子，并规定了一些限制死刑适用的制度，比如死缓制度，对于犯罪时不满18周岁的人和审判时怀孕的妇女不适用死刑。审判时年满75周岁的人不适用死刑，以特别残忍的手段致人死亡的除外。二是量刑制度。比如自首、立功等法定或酌定从轻、减轻制度，缓刑制度等。三是刑法执行制度，比如减刑、假释制度。

专章规定了侵犯公民人身权利、民主权利的犯罪种类。1997

① 2011年《刑法修正案（八）》取消了13个经济性非暴力犯罪死刑罪名，即走私文物罪，走私贵重金属罪，走私珍贵动物、珍贵动物制品罪，走私普通货物物品罪，票据诈骗罪，金融凭证诈骗罪，信用证诈骗罪，抵扣税款发票罪，伪造、出售伪造的增值税专用发票罪，盗掘古文化遗址、古墓葬罪，盗掘古人类化石、古脊椎动物化石罪，盗窃罪，传授犯罪方法罪。2015年《刑法修正案（九）》减少9个适用死刑的罪名，取消走私武器、弹药罪，走私核材料罪，走私假币罪，伪造货币罪，集资诈骗罪，组织卖淫罪，强迫卖淫罪，阻碍执行军事职务罪，战时造谣惑众罪9个罪的死刑，并进一步提高了对判处死刑缓期执行的罪犯执行死刑的门槛。

年《刑法》第四章“侵犯公民人身权利、民主权利罪”所涉及的罪名几乎涉及所有类型的公民人身权，特别对生命权和人身自由权重点保护，禁止个人包括国家工作人员非法侵害他人生命权，禁止非法拘禁。同时对妇女、儿童等特殊人群的人身权提供特别的保护。比如专门针对儿童保护的罪名，有“拐卖儿童罪、雇佣童工从事危重劳动罪、虐待被监护人罪、拐骗儿童罪、组织儿童乞讨罪、组织未成年人进行违反治安管理活动罪”等。也规定了一些新型侵犯公民人身权的犯罪，比如侵犯公民个人信息罪等。与 1979 年《刑法》相比，新刑法及其修正案对于罪名的命名及其犯罪构成的规定更为细致、明确、可操作，能够更好地落实罪刑法定的原则。

危害国家安全罪、危害公共安全罪等影响到公民人身权保护的犯罪的规定。危害国家安全、危害公共安全的犯罪行为，往往侵犯到较多公民的人身权。比如破坏交通工具的犯罪活动，可能导致交通工具毁坏，这对于乘坐交通工具的公民来说，其人身健康与人身安全受到严重威胁。《刑法修正案（九）》新增“危险驾驶罪”，将驾驶机动车危及公共安全的行为列入刑法追诉范围。

刑法对犯罪嫌疑人、罪犯的人权保障。1997 年《刑法》在总则新增了“刑法面前人人平等的原则”。其第四条规定，“对任何人犯罪，在适用法律上一律平等。不允许任何人有超越法律的特权。”这是宪法中平等权原则在刑法上的具体体现。这意味着任何犯罪嫌疑人、罪犯平等地承担刑事责任，平等地享有刑法所规定的刑事权利。罪刑相适应原则，则进一步确保犯罪人受到公正的处罚。量刑的轻重与其所犯罪行和承担的刑事责任相适应，犯罪和刑罚之间保持协调关系，有助于纠正同类案件量刑不一致、量刑过重或者过宽的现象。另外，刑法中确立了刑讯逼供罪、暴力取证罪、虐待被监管人罪等，反对酷刑和虐待。

刑法对刑事被害人的人权保障。1997 年《刑法》完善了刑事追诉期限和关于自诉罪的规定。值得关注的是对正当防卫制度的完善。一是更加明确了防卫过当的认定标准，即“正当防卫明显超过必要限度造成重大损害的”；二是增加了“无限防卫权”的规定：对正在进行行凶、杀人、抢劫、强奸、绑架以及其他严重危及人身安全的暴力犯罪，采取防卫行为，造成不法侵害人伤亡的，不属于防卫过当，不负刑事责任。最高人民法院发布了“适时出台防卫过当的认定标准”，“鼓励正当防卫”的意见①，这对于正当防卫制度更好地发挥人权保障的作用非常有意义。

4. 民法对人身权的保障制度

我国民法对人身权保护的制度在1986年《民法通则》中予以规定。2017年3月15日《民法总则》体现出对个人全面保护、维护人的价值、保障人的发展条件的立法追求。正刚刚出台的民法典诸编中，专门有“人格权”编，以回应社会对人格权保障的关切。民法对人身权的保障包括三个方面：一是对公民人格独立的确认；二是对公民各种人身权利在民法上予以明确，给予法定权利的地位；三是对侵犯公民人身权利的行为给予民法上的保护，被侵权人得以依法追究侵权人的民事侵权责任。

确立了保护权利的立法目的，明确了平等、自愿、公平、诚信等基本原则。《民法总则》开宗明义提出“保护民事主体的合法权益”，彰显了我国民法“权利本位”的立场。“民事主体的人身权利受法律保护，任何组织和个人不得侵犯”，这是对历史经验反思与总结得出的价值选择与政策结论②。平等、自愿原则，公民得以平等地凭借自己的意志享有、行使人身权利并获得合法利益；公平、诚信强调公民在行使人身权利的时候不得损害他人合法权益和社会公平，不得违反公序良俗。虽为民事活动基本原则，但蕴含了宪法基本权利价值与精神。

① 刘昌松：《司法解释鼓励正当防卫体现司法人文关怀》，载于《光明日报》2018年9月20日。

② 陈甦：《民法总则评注》，法律出版社2017年版，第21页。

我国民法以“自然人”概念为中心，通过对其民事权利能力的法律宣示，明确自然人具有独立法律人格。自然人是有生命的个体，同时是具有人格尊严的伦理意义上的人，不是客体或者工具。这是人权概念中的“人”在民法上的体现。自然人的民事权利能力始于出生、终于死亡，为其享有民事权利提供了前提。

监护制度的完善对于未成年人和有智力、精神健康障碍等情形的成年人行使、保护人身权利从民事行为能力的角度予以弥补。在实践中，监护人失职甚至虐待、伤害被监护人的情况得到立法机关的重视。《民法总则》拓展了监护人的范围，完善了撤销监护制度。扩大了被监护人的范围，以应对人口老龄化问题，更好地维护老年人权益。

对人身权利的明确规定在《民法总则》第五章当中，共 4 条。第一百零九条明确规定一般人格权受法律保护：自然人的人身自由、人格尊严受法律保护。人的尊严和自由是一项基本人权。人格被视为人的最高价值，人格利益被视为人的最高利益，人格之尊重为现代人权运动的目标和基本理念。在民法中规定对人格权的保护，使宪法中人格尊严的规范通过民法适用得以落实，赋予人格利益受私法保护的效果，也明确了国家的积极保护义务[①]。第一百一十 ~ 一百一十二条列举了具体的人身权利：自然人享有生命权、身体权、健康权、姓名权、肖像权、名誉权、荣誉权、隐私权、婚姻自主权等权利；自然人的个人信息受法律保护；自然人因婚姻、家庭关系等产生的人身权利受法律保护。2019 年 4 月，全国人民代表大会常务委员会第二次审议民法典《人格权编（草案）》[②]。二审稿中，在一审稿的基础上新增并修改了有关规定，因为技术发展所带来的未成年人信息保护问题、

① 王利明：《人格权法中的人格尊严价值及其实现》，载于《清华法学》2013 年第 5 期。

② 《民法典人格编草案再次亮相》，载于《法制日报》2019 年 4 月 21 日。

利用信息技术侵害肖像权的问题、人体基因人体胚胎科研问题、医学临床人体试验问题等，得到了社会的广泛关注，反映了我国民事立法对此类影响公民人身权的新问题的及时回应。

侵犯公民人身权利的民事责任。公民人身权利受到侵犯，被侵权人有权要求侵权人承担侵权责任。《民法总则》“民事责任”章中，对侵权民事责任的承担方式，以及不可抗力、正当防卫、紧急避险等制度作了规定。值得注意的是，第一百八十五条规定，侵害英雄烈士的姓名、肖像、名誉、荣誉，损害公共利益的，应当承担民事责任。该条规定体现了对于人格利益和公共利益的双重保护。2018 年 6 月 13 日，全国首例侵犯烈士名誉权公益诉讼宣判，要求被告曾某在本市市级报纸上公开赔礼道歉①。《侵权责任法》（2009 年颁布）对侵犯公民人身权利的侵权责任的承担原则、类型、方式、主体做了具体规定。其中对特殊的侵权责任，包括产品责任、机动车交通事故责任、医疗损害责任、环境污染责任、高度危险责任、饲养动物损害责任、物件损害责任等做了专门规定，对于特殊侵权的被侵权人的人身权利给予更高标准的保护。

5. 人身权保障的国家赔偿

免于公民人身权受国家权力的损害，是人身权保障的重要方面。当国家机关和国家机关工作人员行使职权的过程中，侵犯了公民的合法的人身权利，造成损害的，受害人有依法取得国家赔偿的权利。

《国家赔偿法》1994 年 5 月出台，历经 2010 年 4 月、2012 年 10 月二次修正，逐步扩大了国家赔偿的范围，提高了国家赔偿的标准。在该法中，对于人身权被侵犯的赔偿，包括行政赔偿和刑事赔偿两种类型。对于行政机关行使行政职权和司法机关履

① 《全国首例侵犯烈士名誉权公益诉讼宣判》，人民网，2018 年 6 月 13 日，http：//gongyi. people. com. cn/n1/2018/0613/c151132 – 30054354. html。

行刑事案件侦查、检察、审判以及司法行政机关履行罪犯管理的过程中，损害公民人身自由权、生命权、健康权、身体权等权利的行为，依法追究人身损害和精神损害的国家赔偿责任。

国家赔偿是一种约束国家权力和政府行为的制度，更是对公民权利的救济，是对宪法承诺的公民基本权利的兑现。近年来，司法机关纠正了不少冤假错案，其中大都涉及国家赔偿。从媒体公布的情况来看，通常国家赔偿申请人的诉求得不到全部的支持。这与国家赔偿法规定的赔偿标准有关。人身自由赔偿金每年调整，每天的数额是确定的，被羁押期间的经济损失一般不计算在内。精神损害抚慰金的计算标准以“相应的”“抚慰”为原则。不过，从趋势来看，国家赔偿对于精神损害赔偿的重视程度在不断增强。

各级人民法院依法审理国家赔偿案件，保障赔偿请求人合法权益。最高人民法院和最高人民检察院在 2016 年初施行《关于办理刑事赔偿案件适用法律若干问题的解释》，明确细化了终止追究刑事责任的情形，解决了实践中因刑事案件久拖不决公民无法申请国家赔偿的问题，对促进办案机关依法行使职权、保障公民实现获得国家赔偿的权利，发挥了重要作用。2016 年 1 月 7 日最高人民法院公布了 8 起典型案例，有助于加强国家赔偿制度的实施、有效保障人权。2013 年至 2017 年 6 月，各级法院共受理国家赔偿案件 20 027 件[①]。

6. 人权保障与劳动教养制度的废除

废除在我国实施了逾半个世纪之久的劳动教养制度，是我国人权立法保障方面的重要举措，它对于落实宪法中“尊重和保障人权”的规定，提高人权保障水平具有重要意义。2013 年 12 月 28 日，全国人民代表大会常务委员会审议通过了《关于废止劳动教养法律规定的决定》（以下简称《决定》），从国家立法层面

① 国务院新闻办：《中国人权法治化保障的新进展》，人民出版社 2017 年版。

废除了这项制度。《决定》实施后，对正在被依法执行劳动教养的人员，解除劳动教养，剩余期限不再执行。

我国的劳动教养制度是1957年正式建立的。1957年8月3日，经全国人民代表大会常务委员会批准，国务院正式公布了《关于劳动教养问题的决定》。1979年12月公布了《关于劳动教养的补充规定》，并于1980年2月重新公布了《关于劳动教养问题的决定》。1982年1月12日，国务院批准转发了公安部的《劳动教养试行办法》。其中对劳动教养制度做了概括性规定：劳动教养是对被教养的人实行强制性教育改造的行政措施，是处理人民内部矛盾的一种方法。

对于劳动教养的制度性质，学界一直有不同看法，有人认为是行政措施、行政处罚、行政强制等，也有人认为是一种司法处分[①]。在正式的法律文件中，一般把它定性为“行政处罚”。1991年《中国人权状况》白皮书中提及，“劳动教养不是刑事处罚，而是行政处罚”。也就是说，劳动教养制度属于行政性惩罚措施。

劳动教养制度在人权保障意识逐步提高、民主法治进程逐步加快的背景下，其局限性和弊端日益凸显，与我国现行立法也存在冲突，特别是违反了《立法法》的法律保留原则。劳动教养的期限是1~3年，最长可到4年。长期剥夺被教养人的人身自由，其严厉程度甚至超过了拘役、管制等刑罚措施。这种措施意味着公安机关（劳动教养委员会）有权力不经法院审判而长期剥夺公民的人身自由，这是与现代法治原理和人权保障的精神相违背的。《国际人权公约》要求只有法院才能行使具有司法权性质的监禁权，行政机关不得具有宪法上的判处监禁刑罚之权。

另外一个导致劳动教养制度被诟病的是其在实施中出现的问题。劳动教养的程序规定具有明显的行政性而不是司法性特征，

① 刘中发：《劳动教养立法之思考》，载于《中国监狱学刊》1999年第5期。

且比较简单和粗糙。适用劳动教养的对象和条件约束性不强，以至于劳动教养的范围不断扩大[①]。

自20世纪90年代末期开始，学界就开始呼吁改革甚至废除劳动教养制度。在我国刑事处罚和行政处罚相衔接的制裁体系逐步健全的背景下，更是没有劳动教养制度存在的必要。党的十八届三中全会发布《中共中央关于全面深化改革若干重大问题的决定》正式提出废除劳动教养制度的意见。同时，作为必要的惩治和矫正违法犯罪行为的制度，健全社区矫正制度被再次重申，相应国家层面立法已经出台并即将正式实施。

（二）财产权的基本法律保障

财产通常指人力能够支配、对人具有经济价值的一切事物。财产权是个人维持其生存和发展的最基本的物质保障，它不是财产作为物的权利，而是人作为人支配物的权利。财产权与生命权、自由权并称为三大基本人权，是人最低限度的权利，它构成了生命权、自由权发挥作用的物质基础和条件[②]。人类自由的表达要求有一定的物质基础和物质工具，对财产权的保障使人负有远见和事业心。卢梭认为，财产权的确是所有公民权中最神圣的权利，它在某些方面甚至比自由还重要。马克思曾经说过，无论怎样高度估计财产对人类文明的影响，都不为过。财产权是一切政治权利的先导，是宪政民主的基石。

1. 财产权的类型

在法律制度中，财产权具体包括物权、债权、继承权、知识产权以及其他财产性权利。

---

① 林芳、吴长乐：《劳动教养制度的弊端与改革》，载于《现代法学》1999年第6期。

② 石佑启：《论私有财产权的人权属性及在人权体系中的地位》，载于《河北法学》2007年第3期。

物权和债权是财产权的两大基石。物权是指公民、法人依法享有的直接支配特定的物的财产权利。它包括所有权、用益物权（土地承包经营权）和担保物权（抵押权）等三类。所有权是物权中最重要的权利，是财产所有人依法对其财产享有的占有、使用、收益、处分的权利。债权是基于合同约定、侵权行为、不当得利或者无因管理等原因产生的一种财产上的请求权，权利人通过要求义务人履行义务实现财产性权利。

2. 财产权的宪法保障

在我国的传统社会主义模式中，生产资料的公有制被认为是社会主义的基本特征，而公有制又被简单地等同于国有制和集体所有制，所以，公民的私有财产长期不被鼓励，甚至受到法律和政策的歧视。在 1954 年《宪法》当中，对于公民财产权利的国家保护表述为：国家保护公民的合法收入、储蓄、房屋和各种生活资料的所有权（第十一条）。国家依照法律保护公民的私有财产的继承权（第十二条）。这个表述在 1982 年《宪法》中基本没有变化（删去了“各种生活资料”改为“其他合法财产”）。

随着社会主义市场经济体制在中国的推行，越来越多的学者开始争取私有制和私有财产的合法地位。然而，即使在改革开放的 10 多年后，私有制和私有财产仍然是理论讨论的禁区或敏感区。这种情况直到 20 世纪 90 年代开始发生实质性的变化，私有经济更多地以“民营经济”的面目出现于理论界，并深刻地影响政府的经济政策。从 20 世纪 90 年代中期以后，党和政府开始鼓励非公有制经济。非公有制经济得到了迅速的发展，对国民经济的贡献率日益提高。随着市场经济的深入发展，社会各阶层的人们都拥有了各种类型的私有财产，有了除劳动报酬以外的财产性收入。21 世纪后，理论界关于私有经济和私有财产应当获得与公有经济和公有财产同等的法律地位的呼吁，再次深刻地影响中央高层的决策。中华全国工商业联合会三次提交团体提案，要求修改宪法中关于保护私有财产的相关内容①。

党的十六大明确提出“完善保护私人财产的法律制度”，2004年第十届全国人民代表大会第一次全体会议通过了《宪法修正案》，被称为“二十年磨一剑”。《宪法修正案》对私有财产权的保护表述为：“公民的合法的私有财产不受侵犯”“国家依照法律规定保护公民的私有财产权和继承权”“国家为了公共利益的需要，可以依照法律规定对公民的私有财产进行征收或者征用并给予补偿。”与原来的表述相比，其对于财产权保护的价值在于，一是将私有财产和公有财产给予法律上的同等地位，二是明确了公民的合法的私有财产的“消极的、防御的”性质，也就是其免受国家权力和其他组织、个人的侵犯。三是明确了国家对私有财产征收征用的法定条件。

3. 财产权平等保护原则

对各类主体的合法财产实行平等保护，符合宪法平等保护的精神。我国《宪法》第三十三条第二款规定：“中华人民共和国公民在法律面前一律平等。”国家不能因为公民的某种客观因素的差别而提供不同的保护，这些客观因素包括性别、年龄、种族、民族、宗教信仰、受教育程度等。一般认为，宪法中的平等既是一种基本权利，又是一项宪法原则。因为“宪法意义上的平等概念，是一种以宪法规范的平等价值为基础，在宪法效力中体现平等的内涵”。

在我国当前的发展阶段，强调对财产权的平等保护，不仅仅是公民的合法的私有财产与公有财产是平等保护的，个体经济和私营企业等非公有制经济的财产，也应当和公有财产一样是平等保护的。只有实现平等保护，才能建立符合市场经济要求的财产秩序和交易秩序。

---

① 蔡宏伟：《对私有财产权入宪的理解》，载于《法制与经济社会发展》2004年第3期。

平等保护的原则，在刑法上包括两层含义，首先是打击犯罪的平等，即刑事案件当事人不因身份、地位等人身或其他身份因素差别而受到不同的处罚或享受刑法特权。其次是指刑法对法律关系主体保护上的平等。就公民财产权保护而言，平等保护意味着所有主体的财产权都应得到刑法的保护，所有主体的财产在受到侵犯时，侵权主体应受到同样的处罚。平等保护原则之下，对处境不同的人和事进行不同的处理，这种合理的差别待遇对于制定法律是非常必要的①。

平等保护的原则，特别是在《物权法》当中确立物权平等保护的原则，经历了激烈的争论。《物权法》前后经过了全国人民代表大会常务委员会七次审议，最后经全国人民代表大会通过，这在我国立法史上是史无前例的。《物权法（草案）》2005年7月公开征求意见，2005～2006年，公有财产和私有财产的平等保护问题引发了意识形态争论，有法理学者主张社会主义公共财产保护的特殊性，因为宪法规定“公共财产神圣不可侵犯”。宪法学者和民法学者从各自的角度支持平等保护原则。

宪法学者认为，宪法上的财产权是基本权利，其核心价值是“公共权力不能滥用”。立法机关不及时制定物权法，造成宪法保护的公民权利得不到有效保护，会带来很多问题②。物权法与宪法的精神是一致的，不能简单看文字和措辞。所谓意识形态，就是对某种社会形态的追求和主张。我国立法起草过程中提出对意识形态的讨论，物权法不是第一次，也不是最后一次。是否以及如何从政治泛滥、计划支配经济的极端社会主义向释放自治、经济市场化的转型问题，是作为基本财产制度安排的物权法难以绕过的。

---

① 姚国建：《论宪政背景下的公民财产权刑法保护制度》，载于《法学研究》2006年第2期。

② 《物权法草案因公开信搁浅学界首度回应违宪质疑》，载于《法制日报》2006年2月28日。

民法学者认为，物权法具有私法性质，承担对私权利保护的任务，不能公法化让公权力过多介入；没有健全的物权制度，人不可能有尊严和体面的生活、物质财富。不顾及社会现实的发展，从概念和本本的讨论没有意义。物权法对权利应当平等保护。平等保护体现了平等的正义。可以针对社会中的正义失衡问题采取专门保护措施，财产的绝对化原则已经受到社会化的修正。社会主义运动的重大进步，公有制为主体多种所有制共同发展，融入世界经济，面临人权的财产意义的确立问题[①]。

经过广泛讨论和争论后，2007 年 3 月 16 日通过的《物权法》则明确规定，“国家、集体、私人的物权和其他权利人的物权受法律保护，任何单位和个人不得侵犯”。这意味着，国家要像保护公有财产一样保护公民的合法的私有财产。2017 年出台的《民法总则》，也明确表示“民事主体的财产权利受法律平等保护”，平等保护原则已经深入人心，不再是引发争论的热点话题了。

4. 财产权的刑法保障制度

在财产权保护领域，刑法的主要价值是以建构犯罪、设置刑罚的方式惩治各类主体侵犯公民财产权的行为，对财产类犯罪产生阻却作用。另外，刑法当中有财产罚，是对罪犯的惩戒措施，也是对其财产权的限制、剥夺。

刑法的“谦抑”原则。在界定公民的何种行为构成侵犯财产权的犯罪的时候，必须持谨慎的立场，对能够以行政法、民法或其他法律规范调整的行为，就不必动用刑法进行调整。毕竟刑法在惩戒方式上是最严厉的，对公民人权的影响也是最大的。需要把握的界限是，既要保护公民合法地获取财产的行为，又要对严重侵犯公民财产权的行为确定为犯罪。

刑法上侵犯财产罪的制度规定。1997 年《刑法》第五章规

① 《民法学者首次集体公开回应“物权法违宪”质疑》，载于《中国青年报》2006 年 2 月 26 日。

定了“侵犯财产罪”。共十四条14个罪名，包括抢劫、盗窃、诈骗、抢夺、敲诈勒索罪等典型的侵犯财产类案件，也包括聚众哄抢罪、挪用资金罪、故意毁坏财物罪、破坏生产经营罪等。针对实践中严重拖欠工资的现象，该章还规定了拒不支付劳动报酬罪，以刑事方式促进有关单位和人员及时履行支付劳动报酬的义务。刑法修正案（八）取消了盗窃罪的死刑，刑法修正案（九）取消了诈骗罪的死刑。在侵犯财产罪中，仅抢劫罪保留了死刑。侵犯财产类犯罪一般不涉及对公民生命权、健康权等人身权利的侵犯，减少死刑，更为注重对财产损失的赔偿，对于被害人来说是更有价值的，符合刑法轻缓化的趋势。在《刑法》分则中还有一些财产型犯罪，比如非法经营罪，它由1979年《刑法》中的投机倒把罪拆解而成，缩小了规范的领域，增强了规范的确定性，同时仍然存在不小的弹性，在适用中应保持对市场行为的“谦抑”原则。

构建合理的财产罚制度。刑法在附加刑中设置了两种类型的财产罚，即罚金和没收财产。罚金刑是法院判处犯罪人向国家缴纳一定数额金钱的刑罚方法，在我国刑法中规定非常广泛，主要适用于经济犯罪和财产犯罪以及妨碍社会管理秩序犯罪。在侵犯财产犯罪中，有9个条文规定了罚金。罚金刑的规定非常原则，适用存在标准不一、执行率低等问题。刑法分则中有18个罪名规定并处没收财产，可以并处没收财产有17个罪名，44个罪名是并处罚金或没收财产，且没收财产是没收犯罪分子刑事裁判生效前的所有合法财产，其适用面还是比较广的。它能够降低罪犯重新犯罪的经济上的可能性，有其独特的价值。但是由于刑法过于原则，公民财产信息制度不完善，财产范围不清晰，在司法实践中带来很多问题[①]，而且因其是对合法财产的没收，合理性遭

---

① 张宏博、武天义：《没收财产性适用的困境与出路探析——以200份没收财产刑裁判文书为研究样本》，载于《中国检察官》2018年第9期。

到不少质疑，认为其违背比例原则和罪责自负原则①。因此，从平衡人权保障和惩戒犯罪的角度来看，应当对财产罚的效果进行评估，完善相关立法，既符合罪刑相适应的原则，对公民合法财产的限制或剥夺又不会超过必要的限度。

5. 民法对财产权的保护制度

《民法总则》以及《物权法》《担保法》《合同法》《继承法》等共同构成了对公民财产权保护的民事法律体系。

确认财产权的内容。《民法总则》确认了公民财产权的内容。物权、债权、知识产权、继承权都有具体的规定，对股权和其他投资性权利的保护也做了规定。同时，与其他法律作了衔接性规定，比如数据、网络虚拟财产的保护，法律有规定的，依照其规定。法律规定的其他民事权利和利益也得到了民法的认可。

明确各项财产权取得、占有、使用、收益、处分以及保护的具体规则。《物权法》对所有权、各项用益物权、各项担保物权都作了具体规定。其中不动产登记制度、建筑物区分所有权制度等，表达了对不动产所有权的重视，这与不动产所有权已经成为公民最重要的财产权不无关系。财产不仅能够得到保护，还能在不断增益中得到保护，充分发挥财产权对于公民生存权和发展权实现的重要价值，是民法财产权保护制度的最大目标。

对私有财产的征收征用制度。对私有财产进行征收和征用，是对私有财产的限制，在《宪法》中就有规定。同时，《民法总则》和《物权法》也有规定。各项法律的具体规定如下：

《宪法》(2004 年)：“国家为了公共利益的需要，可以依照法律规定对公民的私有财产进行征收或者征用并给予补偿。”

《民法总则》(2017 年)：“为了公共利益的需要，依照法律规定的权限和程序征收、征用不动产或者动产的，应当给予公

① 李海良、张瑞红：《论贪污罪、受贿罪没收财产刑的废除及其出路》，载于《浙江师范大学学报》(社会科学版) 2017 年第 2 期。

平、合理的补偿。”

《物权法》（2007 年）：“为了公共利益的需要，依照法律规定的权限和程序可以征收集体所有的土地和单位、个人的房屋及其他不动产。征收集体所有的土地，应当依法足额支付土地补偿费、安置补助费、地上附着物和青苗的补偿费等费用，安排被征地农民的社会保障费用，保障被征地农民的生活，维护被征地农民的合法权益。征收单位、个人的房屋及其他不动产，应当依法给予拆迁补偿，维护被征收人的合法权益；征收个人住宅的，还应当保障被征收人的居住条件。任何单位和个人不得贪污、挪用、私分、截留、拖欠征收补偿费等费用。”“因抢险、救灾等紧急需要，依照法律规定的权限和程序可以征用单位、个人的不动产或者动产。被征用的不动产或者动产使用后，应当返还被征用人。单位、个人的不动产或者动产被征用或者征用后毁损、灭失的，应当给予补偿”。

比较三部法律的规定，可以看出，第一，征收征用的目的必须是为了公共利益的需要。第二，征收或者征用应当依法进行。《民法总则》的表述比《宪法》更加具体，提及法定的“权限和程序”。《物权法》则是《宪法》和《民法总则》所指的“法律”之一，对于征收的补偿的规定更为具体。第三，征收征用的对象。《宪法》规定的是公民的私有财产，《民法总则》具体指向不动产或者动产，而《物权法》分两条规定了对不动产的征收以及对不动产、动产的征用。第四，关于补偿。在《宪法》和《物权法》中，都没有对“补偿”进行界定。在《民法总则》当中，则规定了“公平、合理的补偿”，这是法律在征收征用补偿上的巨大进步，对公民财产权的保障具有重大意义。

在中国城市化的进程当中，对公民房屋等不动产的征收、拆迁等是非常普遍的。在这个过程中，引发了非常多的诉讼、信访甚至暴力冲突事件，比如重庆“钉子户”事件，正是在《物权法》颁布后爆发出来，引发了全社会的讨论，财产权保护、公共利益、公权力、拆迁补偿等成为热门的词汇[①]。政府、开发商、被征收人、新闻媒体各有立场，最终立法上出台了《国有土地上房屋征收与补偿条例》（2011 年）才终结了争论。越来越多的人意识到，必须平衡公共利益和私人利益，只有保护好公民的合法权益才能更好地维护公共利益。必须依法依规公平公正地进行对公民个人房屋的征收，尊重公民的财产权利。

（三）参政权的基本法律保障

参政权是指公民依法参与国家生活主要是政治生活的自由度。[②] 参政权通常包括三个方面的权利：一是公民依法享受国家生活的权利，比如知情权、表达权、各项政治自由等；二是公民依法参与国家管理的权利，比如选举权与被选举权、民主管理、民主决策、民主自治的权利；三是公民依法监督国家机关及其工作人员活动的权利，比如参与权、监督权等。

参政权在中国共产党的文件和《宪法》中的表述有共性，也各有特点。党的文件是政策性文件，保障人民当家做主的人民民主权利是其关注的内容。人民当家做主，意味着国家一切权力属于人民，人民依法管理国家事务，管理经济和文化事业，管理社会事务。这就需要有健全的民主制度，使民主选举、民主决策、民主管理、民主监督依法有序进行。这里的民主制度包括人民代表大会制度、中国共产党领导的多党合作和政治协商制度、民族区域自治制度、基层群众自治制度等。这里的人民民主权利包括知情权、参与权、表达权、监督权等“四项权利”。保证人民当家做主、发展社会主义民主政治是党一以贯之的奋斗目标，在党的十七大报告中提出保障人民“四项权利”和“扩大公民有序政治参与”的目标，党的十八大报告强调法治的治理和制度

① 吴琪：《重庆“钉子户”事件背后》，载于《三联生活周刊》2007 年第 13 期。
② 林喆：《公民基本人权法律制度研究》，北京大学出版社 2006 年版，第 42 页。

建设的价值，以“保证党领导人民有效治理国家”“保证人民享有广泛权利和自由”。党的十九大报告则将“健全人民当家做主制度体系”的目标提了出来，用制度体系保证人民当家做主。这个制度体系的核心就是《宪法》。我国《宪法》明确规定了“一切权力属于人民”，并构建了系统的人民民主专政的国家制度和政治制度，还规定了国有企业和集体经济组织民主管理的内容。人民主权论的宪法化，为公民享受、参与和监督国家生活的政治权利和政治自由提供了充足的理由和法律依据。在人民民主的实现上，党的文件和《宪法》在内容上衔接配套、在功能上相辅相成，这是二者共性的方面。

我国《宪法》在维护人民当家做主的权力（利）的同时，又规定了公民的基本自由和权利。其中属于参政权范畴的，是政治权利和政治自由。具体来说，第三十四条规定了选举权和被选举权，第三十五条规定了言论、出版、集会、结社、游行、示威的自由，第三十六条规定了宗教信仰自由。第四十一条规定了批评、建议、申诉、控告和检举的权利以及取得赔偿的权利。这些宪法规范的明确赋权，其落实需要基本法律的支持。

1. 选举权和被选举权的基本法律保障

选举权和被选举权是公民基本政治权利之一。我国《宪法》规定，中华人民共和国年满十八周岁的公民，不分民族、种族、性别、职业、家庭出身、宗教信仰、教育程度、财产状况、居住期限，都有选举权和被选举权；但是依照法律被剥夺政治权利的人除外。选举权和被选举权是宪法创设的，是人民通过宪法授予每一个个体参与国家事务的权利，是人民主权的具体化。

选举权包括参加提名代表候选人、参加讨论酝酿协商代表候选人名单、参加投票选举等。被选举权是被选任为国家权力机关的代表或其他公职人员的权利。

保障选举权和被选举权的重要的基本法律有《全国人民代表大会和地方各级人民代表大会选举法》，规定了全国人民代表大会代表和地方各级人民代表大会代表的选举。该法于 1979 年 7 月 4 日颁布，历经6 次修改，目前实施的是 2015 年修改后的版本，共十二章 59 条。明确规定了选举机构和各项选举制度，比如代表名额、选区划分、选民登记、代表候选人提出、选举程序，对代表的监督和罢免、辞职、补选以及对破坏选举的制裁等。还设专章规定了各少数民族的选举，以保证少数民族在权力机关的代表权。党的十七大提出建议，逐步实行城乡按相同人口比例选举人民代表大会代表。这一建议被选举法修改时采纳，保证各地区、各民族、各方面都有适当数量的代表。在 2016 年开始的全国县乡两级人民代表大会换届选举中，共有 9 亿多名选民参选，直接选举产生 250 多万名县乡两级人民代表大会代表。全国人民代表大会代表的代表性不断增强，在 2018 年十三届全国人民代表大会的 2 980 名代表中，一线工人、农民代表 468 名，专业技术人员代表 613 名，妇女代表 742 名，少数民族代表 438 名。①

保障基层群众自治的《村民委员会选举法》和《城市居民委员会选举法》支持村民和居民参与基层民主自治的选举权和被选举权的实现。以城乡村（居）民自治为核心，民主选举、民主协商、民主决策、民主管理、民主监督为主要内容的基层群众自治制度基本建立。截至 2017 年，全国农村普遍开展了 9 轮以上村委会换届选举，98% 以上的村委会依法实行直接选举，村民参选率达 95%；居民委员会换届选举参选率达 90% 以上。②

2. 公民行政决策参与权的一般法律保障

公民享有和行使参与行政决策的权利，在我国的部门法律法规中都有涉及。不过，这些规定往往是要求行政机关在决策时要以各种形式“听取意见”，并没有明确的“公民参与权”的法定

①② 国务院新闻办：《改革开放 40 年中国人权事业的发展进步》，人民出版社 2018 年版。

概念。在国务院发布的有关法治政府建设的文件中，要求将公众参与作为重大行政决策的法定程序之一，初步确定了公众参与的程序性的公民参政权保障的性质。在实践中，有关部门在规范网约车经营、快递行业等民生领域事项决策过程中广泛征求各方意见，统筹兼顾不同群体的利益诉求。

2019 年 5 月，国务院《重大行政决策程序暂行条例》（以下简称《条例》）颁布。该《条例》第二章第二节专门规定了“公众参与”。法规从决策承办单位的义务角度出发来规定公众参与：“决策承办单位应当采取便于社会公众参与的方式充分听取意见，依法不予公开的决策事项除外”（《条例》第十四条第一款）。也就是说，《条例》仍然没有正面规定“公民参与权”。

不过，《条例》为增强公众参与实效做了方式和程序上的要求。一是在听取意见的方式和对象上，规定可以采取座谈会、听证会、实地走访、书面征求意见、向社会公开征求意见、问卷调查、民意调查等多种方式，并且要求应当采取便于公众参与的方式听取意见。同时，对涉及特定群体利益的决策事项，要求决策承办单位与相关人民团体、社会组织以及群众代表进行沟通协商，充分听取相关群体的意见建议。二是在具体的程序要求上，对向社会公开征求意见和召开听证会这两种方式的程序要求作出具体规定。三是在公众意见的研究处理上，规定决策承办单位应当对社会各方面提出的意见进行归纳整理、研究论证，充分采纳合理意见，完善决策草案。①

3. 言论、出版、集会、结社、游行、示威自由的法律保障

我国《宪法》第三十五条规定，中华人民共和国公民有言论、出版、集会、结社、游行、示威的自由。第五十一条规定，中华人民共和国公民在行使自由权利的时候不得损害国家的、社

---

① 《让行政决策权在阳光下运行——司法部详解〈重大行政决策程序暂行条例〉》，新华网，2019 年 5 月 16 日，http：//www.xinhuanet.com//2019 -05/16/c_1124504634.htm。

会的、集体的利益和其他公民的合法的自由和权利。通常认为，我国《宪法》第三十五条和第五十一条构成表达自由的宪法条款，一个是确认性条款，一个是限制性条款。确认性条款明确公民所享有的政治权利和自由的内容，即公民所享有的对国家和社会公共事务表明态度、发表意见和看法的自由，包括批评政府和政府官员的自由。公民可以公开出版作品表达观点、意见和看法，也可以用集会、游行和示威等表达自己的政治见解。[①]

《国家人权行动计划》则以表达权的概念涵盖公民的言论等政治自由。三个行动计划对表达权的规定基本一致，把表达权定位为“公民权利与政治权利”，提出“扩展表达空间，丰富表达手段和渠道”的发展目标。特别提出公民互联网言论自由的依法保障，“公民的表达自由”在官方文件中得到确认并提升到人权的层面。新闻记者的知情权、采访权、发表权、批评权、监督权等，也得到了特别强调。

为了保证公民表达自由及其依法享有，我国制定了一系列的基本法律和法规。包括以下方面：第一，侧重将宪法中的权利和自由具体化和明确化。比如《集会游行示威法》《广告法》《出版管理条例》《印刷业管理条例》《营业性演出管理条例》《互联网信息服务管理办法》《社团登记管理条例》等。第二，侧重对危害国家、社会、集体利益和其他公民合法的权利和自由的行为的界定及其处理的规定。比如《保密法》《国家安全法》《民法总则》《侵权责任法》《刑法》等。对泄露国家秘密的行为、侮辱或者诽谤他人的行为、宣扬淫秽迷信或者暴力等行为，我国法律法规规定坚决予以取缔和打击。从内容上看，我国关于限制表达自由的立法具备国际人权监督机构所阐述的合法性要求，如可

---

① 王四新：《中国法律对表达自由的保护》，载于《人权》2009 年第 5 期。

获知性、可预知性等。[1] 公民表达权与表达自由的确认和保障制度的逐步建立，促进了公民政治权利与自由的保障水平的提高。

4. 宗教信仰自由的法律保障

我国对宗教信仰自由的法律保障一直比较重视。新中国成立后，我国颁布的宪法都规定了宗教信仰自由。现行《宪法》第三十六条规定，“中华人民共和国公民有宗教信仰自由。任何国家机关、社会团体和个人不得强制公民信仰宗教或者不信仰宗教，不得歧视信仰宗教的公民和不信仰宗教的公民。国家保护正常的宗教活动。任何人不得利用宗教进行破坏社会秩序、损害公民身体健康、妨碍国家教育制度的活动。宗教团体和宗教事务不受外国势力的支配。”除此之外，我国有 30 多部法律、法规都规定了保护公民宗教信仰自由的内容[2]，散见于《刑法》《民族区域自治法》《选举法》等基本法律中，以及《宗教事务条例》等行政法规中。

这些法律、法规关于公民宗教信仰自由的规定包括以下几方面内容：一是保障公民按照自己的意愿选择宗教信仰。《民族区域自治法》第十一条规定：“民族自治地方的自治机关保障各民族公民有宗教信仰自由。任何国家机关、社会团体和个人不得强制公民信仰宗教或者不信仰宗教。”《刑法》第二百五十一条规定：“国家机关工作人员非法剥夺公民的宗教信仰自由和侵犯少数民族风俗习惯，情节严重的，处二年以下有期徒刑或者拘役”。二是保护正常的宗教活动，保护信教群众的合法权益。《宗教事务条例》第四条规定：“国家依法保护正常的宗教活动，积极引导宗教与社会主义社会相适应，维护宗教团体、宗教院校、宗教活动场所和信教公民的合法权益”。三是保护宗教事业自主健康

---

① 汪进元等：《国家人权行动计划的实施保障》，中国政法大学出版社 2014 年版，第 163 页。

② 刘志刚：《人权的立法保障》，复旦大学出版社 2015 年版，第 195 页。

发展。《宗教事务条例》第五条规定，“各宗教坚持独立自主自办的原则，宗教团体、宗教院校、宗教活动场所和宗教事务不受外国势力的支配。宗教团体、宗教院校、宗教活动场所、宗教教职人员在相互尊重、平等、友好的基础上开展对外交往；其他组织或者个人在对外经济、文化等合作、交流活动中不得接受附加的宗教条件”。同时，明确宗教活动等应当在我国的宪法和法律的框架内依法进行，不得损害国家利益、社会公共利益和公民合法权益。四是依法打击邪教组织保护宗教信仰自由。《刑法》第三百条规定了“组织、利用会道门、邪教组织，利用迷信破坏法律实施罪和组织、利用会道门、邪教组织、利用迷信致人重伤、死亡罪”，全国人民代表大会常务委员会于1999年10月30日通过了《关于取缔邪教组织、防范和惩治邪教活动的决定》，保障公民的宗教信仰自由不受非法侵犯。

中华人民共和国国务院新闻办公室于2018年12月发布的《改革开放40年中国人权事业的发展进步》白皮书指出：中国共产党十八大以来，中国全面推进依法治国，把宗教工作纳入国家治理体系，宗教工作法治化水平不断提高。国家对待各宗教一律平等，一视同仁，不以行政力量发展或禁止某个宗教，任何宗教都不能超越其他宗教在法律上享有特殊地位。中国有佛教、道教、伊斯兰教、天主教和基督教等宗教信教公民近2亿，宗教教职人员38万余人，依法登记的宗教活动场所14.4万处，宗教院校共91所。政府加大了宗教教职人员社会保障力度，截至2017年，宗教教职人员医疗保险参保率达96.5%，养老保险参保率达89.6%，符合条件的全部纳入低保，基本实现了社保体系全覆盖。

5. 公民申诉权、控告和检举权的信访制度保障

我国《宪法》第二十七条第二款规定，一切国家机关和国家工作人员必须依靠人民的支持，经常保持同人民的密切联系，倾听人民的意见和建议，接受人民的监督，努力为人民服务。这可以作为信访制度的宪法基础，它为公民申诉等权利的行使提供

了司法以外的途径。

在党和国家的政治生活中，早在 1931 年就确立了信访制度，当时在瑞金中央革命根据地建立了工农民主政府控告局，受理对苏维埃机关和企事业机关及其工作人员的检举、揭发和控告。[①] 新中国成立以后，我党设立了专职信访机构，政府也设立了处理来信、接待来访的专门机构。[②] 目前，规范信访制度的主要规定是国务院于 2005 年出台的《信访条例》。

信访制度是中国民主政治的重要特色，在保障人民监督权、抑制权力腐败、汇集民意民智等方面具有独特的政治功能。为了进一步保障公民申诉等权利的有效落实，发挥行政复议、行政诉讼、刑事诉讼、检察监督、监察监督、人民代表大会监督、审计监督等各种公民申诉权、控告和检举权行使的途径和方式能够在各自的范围内充分发挥作用，防范和消除信访制度实践对于法律实施和司法权威的消极影响，有必要加快信访法治化的进程。

人民法院和人民检察院率先推进涉诉信访的法治化，完善权利救济的途径。建立健全涉法涉诉信访工作机制，按照“诉访分离、有序分流、依法解决”的原则，规范涉法涉诉信访工作的受理范围、标准、程序和工作职责，整合来信、来访、电话、网络、视频等诉求表达渠道，推进综合性受理平台建设，保障人民群众依法表达诉求权利。组织律师参与信访接待、代理信访案件，增强化解信访问题的公信力。2014 年 2 月，最高人民法院开通网上申诉信访平台。2014 年 5 月，最高人民法院开通远程视频接访系统，截至 2015 年完成接谈 8 200 余件。2015 年，最高人民法院接待群众来访人数同比下降 12%。最高人民检察院建成全国四级检察机关全联通的远程视频接访系统。2015

①② 林喆：《公民基本人权法律制度研究》，北京大学出版社 2006 年版，第 46 页。

年，各级检察机关共接收、办理群众信访 114.8 万件次。2012 ~ 2015 年，司法部共接待来访群众 19 788 人次，登记来访 6 537 件（次），收到群众来信 73 843 件，涉及司法行政系统的群众来信 10 337 件。[①]

6. “四项权利”的法律保障的状况

“四项权利”，即人民知情权、参与权、表达权和监督权。从宪法和法律的制度化表达来看，并没有对四项权利的一般性规定。四项权利的内涵包括各种宪法和法律规定的具体政治权利和自由，如表达权是发表意见和诉求的权利，指向公民言论、出版自由也包括公民申诉等权利；四项权利在外延上也将我国改革实践中的一些制度、机制、做法和经验包括在内，如参与权包括了基层自治中迅速发展的协商民主的参与等。四项权利的实现途径包括了宪法和法律中规定的法定途径，如实现参与权的人民代表大会立法听证、实现监督权的人民代表大会执法检查，也包括了根据《深化人民监督员制度改革方案》建立的人民监督员制度。人民检察院选任人民监督员，进行案件监督评议。

总体来看，在积极稳妥推进政治体制改革的过程中，我们在更好地实现人民当家做主方面做了很多的制度探索，并以法治的方式加以推进，体现出在人权保障法治化路径和方法上的价值。从具体的内容来看，一方面是完善、优化原有的权利保障制度，比如全国人民代表大会备案审查制度的健全；另一方面是继续探索新的保障途径，深化人民参与国家事务、经济文化事务、社会事务管理的广度和深度。如前文提及的人民监督员制度。根据国务院新闻办公室 2017 年 12 月发布的《中国人权法治化保障的新进展》白皮书中的数据：2014 年 9 月到 2017 年 7 月，各级检察机关接受人民监督员监督评议的案件共 7 491 件，监督评议后人民监督员不同意检察机关拟处理意见的 247 件，检察机关采纳 76

① 国务院新闻办：《中国司法领域人权保障的新进展》，人民出版社 2016 年版。

件，采纳率30.8%。互联网等平台为“四项权利”的实现拓宽了渠道，提供了更多更便利的机会。

（四）社会权的基本法律保障

“社会权又称生存权或受益权，它是指公民从社会获得基本生活条件的权利”[①]。具体而言，它指公民有从社会获得基本生活条件、充分发展个体生产和生活能力的保障和良好地发育个体精神人格和社会人格的权利。[②] 社会权的实现，更依赖于国家的积极作为。当公民不具备条件从社会获得这些权利时，国家有提供基本生活条件的义务。

1. 社会权的类型

社会权主要包括经济权、受教育权和环境权三类。在我国宪法中，经济权主要包括生存权、工作权、劳动权、休息权、健康权、社会保障权、物质帮助权、社会保险权、社会救济权、医疗卫生权等。

2. 劳动权的基本法律保障

劳动权是指公民依法参加劳动及享受与之相关待遇的自由度。劳动是人改变对象使之适合自己需要的有目的的活动，是个人和社会得以生存和发展必不可少的条件。劳动权既是公民的一项基本权利，也是公民的一项基本义务。我国《宪法》第四十二条规定：公民有劳动的权利。劳动是一切有劳动能力的公民的光荣职责。

1994年，《劳动法》正式出台，这是确认并保护公民劳动权的基本法律。其中明确了9项具体的劳动权利，即：平等就业权；选择职业权；取得劳动报酬权；休息休假权；获得劳动安全卫生保护权；接受职业技能培训权；享受社会保险和福利权；提

---

① 林喆：《公民基本人权法律制度研究》，北京大学出版社2006年版，第73页。

② 李步云：《宪法比较研究》，法律出版社1998年版，第529页。

请劳动争议处理权；法律规定的其他劳动权，如退休权、同工同酬等。

在劳动权中，平等就业权和取得报酬权居于重要地位，是其他劳动权利存在的前提。没有就业权，公民就没有获得工作的机会，其他的劳动权利也就无从谈起。国家保障公民平等地利用自己的劳动力获得就业的机会，因为这是公民生存的基本条件之一。为此，我国专门出台了《就业促进法》等法律，反对就业歧视，提供就业训练，为有劳动能力的公民提供平等的就业机会。取得报酬权是公民从事劳动后有权获得相应的劳动所得，这是体现其劳动价值，维持劳动、生命和健康及家人生活的前提。我国出台了工资支付相关的规定，并运用刑事手段维护公民按期、足额获得劳动报酬的权利。也制定了促进社会工资水平逐步提高的政策，改善劳动者的生活水准。《劳动争议调解仲裁法》确立了劳动争议的调解制度和仲裁制度，为劳动者维权提供多元的争议解决机制。

在其他的劳动权的保障方面，也有显著的制度进步。如公民带薪休假的权利。《劳动法》对带薪年休假作了原则性规定，但没有规定具体的休假时间和操作办法。2008 年正式实施了《职工带薪年休假条例》，为带薪休假提供了可操作性的制度保障。在刚开始实行的时候，情况并不理想。近年来，国家进一步加强了制度实施的力度，情况有了一些改观①。国务院明确提出 2020 年基本落实职工带薪休假的目标，这对制度完善提出了要求，需要从可执行性层面为制度实施等问题提供解决方案。

侵犯公民的劳动权，造成劳动权的缺损，劳动合同违约方或者侵权方必须承担相应的责任。法律责任的类型包括民事责任、行政责任和刑事责任，特别是关于经济性补偿和赔偿的规定，要

① 《民生调查局：带薪年假，休起来为啥这么难》，中国新闻网，2018 年 12 月 11 日，http：//mini. eastday. com/a/181211025021362 –4. html。

求对劳动权缺损的损失给予经济上的偿付。

劳动权是公民生存和发展的基本条件，保障劳动权实现是人权保障的重要内容，它需要国家的积极作为。组织社会成员劳动以促进社会的发展，既是国家运用社会资源的一种权力，也是保证公民生存和发展的一种责任。《宪法》规定，国家应通过各种途径，创造劳动就业条件，加强劳动保护，改善劳动条件，并在发展生产的基础上，提高劳动报酬和福利待遇。《劳动法》也相应规定了“采取各种措施，促进劳动就业”的国家责任。

3. 受教育权的基本法律保障

受教育权是指公民依法获得接受文化教育的机会和使之实现的物质帮助的自由度，具有防御权和受益权性质。我国已经形成了以《宪法》受教育权的规定为引领的教育法律体系，包括教育法（1995 年）、《义务教育法》（1986 年）、《职业教育法》（1996 年）、《高等教育法》（1998 年）等基本教育法律，以及《国防教育法》（2001 年）、《民办教育促进法》（2004 年）等国防教育、促进教育发展等方面的立法。从法律文件来看，我国法律明确的公民的受教育权是多种受教育权的终生教育体系。具体包括：受学前教育权、受义务教育权、受职业教育权、受高等教育权、受成人教育权和受终生教育权等。

接受教育，是个人获得能力的基本方式。通过各个阶段的、持续的教育，个人获得生存能力和发挥才能的能力，这是个体以及整个人类发展的需要。教育的目的在于充分发展人的个性并加强对人权和基本自由的尊重。受教育权既是一种基本权利，也是一种基本义务。在法律层面，要求公民接受规定年限的义务教育（九年）和国防教育。

现实的教育观念、物质条件、教育设施等约束了受教育权的实现。通过立法，运用法律手段为每个社会成员特别是儿童提供公平的受教育的机会，是人权保障法治化的重要方面。《世界人权宣言》第二十六条提出，人人都有受教育的权利，教育应当免费，至少在初级和基本阶段应如此。初级教育应属义务性质，技术和职业教育应普遍设立，高等教育应根据成绩对一切人平等开放。

保障平等的受教育机会和基本的义务教育水准，保证免费义务教育的落实，是《义务教育法》规定的国家的法定义务，也是各级政府及其有关部门的重要责任。职业教育和高等教育为公民发展自身能力和兴趣提供体系性的培养机会，在我国，职业教育和高等教育普及程度越来越高，《职业教育法》和《高等教育法》鼓励公民普遍接受职业教育或者高等教育。提倡终身学习，是建立学习型社会的倡导。改革开放以来，我国建立了成人教育体系，起初是为了满足“文化大革命”期间失去受教育机会的公民实现受教育的权利，后来逐步发展，成为成年人在完成基础教育进入就业市场后重新受教育的重要通道。目前，包括老年大学在内的成人教育体系为公民终生学习提供了重要平台。建立在互联网平台上的远程教育的发展，为越来越多的人提供终身接受教育的机会，也有利于受教育权平等保护的实现。

4. 环境权的基本法律保障

环境权是指公民依法要求和享有其所处环境资源具有基本生态功能的自由度。具体而言，包括四个方面：一是优良环境享有权，公民享有健康、安全和舒适环境的权利；二是恶化环境拒绝权，公民拒绝在恶劣环境下生活的权利；三是环境知情权，公民有知晓环境资源生态状况的权利；四是环境参与权，公民有参与环境保护和环境事务决定的权利。

改革开放以来，我国经济社会快速发展，人民的生存权和发展权等首要人权获得了极大的满足，同时也付出了资源和环境的代价。资源消耗和环境污染反过来损害了人民的生存权和发展权，侵害了公民的生命健康权。可持续发展中的关键问题就是环境问题，1992 年《里约热内卢环境与发展宣言》指出，人类处于普遍受到关注的可持续发展问题的中心，应该享有以与自然和谐的方式过健康而富有生气的生活权利。在科学发展观中我们提出了“人与自然的和谐发展”“绿色和协调”是五大发展理念的重要方面。落实这些发展理念，需要在法律上明确公民的环境权，并创设法律制度保证公民环境权的实现。

我国已经形成了环境保护的法律体系。《环境保护法》早在1989年12月就已出台，最近一次系统的修订是在2014年。针对大气污染、固体废弃物污染、噪声污染等问题，立法机关都出台了专门的法律加以规范。环境保护立法的理念已经从末端治理转向强调生态环境保护、资源有效利用、环境污染治理三位一体，引入“减量化、再使用、再循环”的机制。环境影响评价、“三同时”、排污许可制度、环境标准制度、环境监测制度等环境治理制度逐步完善。生态保护红线、生态环境修复、生态保护补偿等生态环境保护制度得以确立。2018年，在国务院的部署下，全国普遍开展了生活垃圾分类的立法和试点工作。其基本目标是，2019年起，全国地级及以上城市全面启动生活垃圾分类工作，到2020年底46个重点城市将基本建成垃圾分类处理系统，2025年底前全国地级及以上城市将基本建成垃圾分类处理系统①。

环境领域的知情权、参与权和损害赔偿权是环境权非常重要的派生权利。《环境保护法》第五章专门规定了“信息公开和公众参与”。法律明确，公民、法人和其他组织依法享有获取环境信息、参与和监督环境保护的权利。各级人民政府环境保护主管部门和其他负有环境保护监督管理职责的部门，应当依法公开环境信息、完善公众参与程序，为公民、法人和其他组织参与和监督环境保护提供便利。法律也规定了环境违法信息记入社会诚信

① 《习近平对垃圾分类工作作出重要指示强调：培养垃圾分类的好习惯为改善生活环境作努力　为绿色发展可持续发展作贡献》，载于《新华每日电讯》2019年6月4日。

档案、违法者及时向社会公布以及重点排污单位的信息公开义务。社会组织提起环境保护公益诉讼的制度也在《环境保护法》中有所规定：对污染环境、破坏生态，损害社会公共利益的行为，符合条件的社会组织可以向人民法院提起诉讼。在损害赔偿权的实现上，《环境保护法》规定了“三年”的较长的诉讼时效期间。被媒体称为“史上最严”的2014年新《环保法》，表达了中国治理污染保护环境的决心和担当。

5. 救济权的基本法律保障

救济权是指公民依法向国家和社会请求援助的自由度。它包括三类：一是保障权，即公民在年老、疾病或丧失劳动能力的情况下，有从国家和社会获得物质帮助的权利。这类权利由劳动权而来，表现为伤残、疾病、退休、失业、死亡等方面的保障权。妇女的生育保障也可以包括在内。二是救援权，公民因突发灾难或经济困难而陷入困境时，有从国家和社会获得救援、救助以及法律援助的权利。三是补偿权，公民在法定权利受损时，有向国家和社会要求从损害者那里获得恢复其权利的完整性及补偿其损失的权利①。

设立救济权的基本理由：首先，这是公民人权保障的基本要求。《世界人权宣言》第二十五条第一款规定了“适当生活水准权”（the right to an adequate of living）：人人有权享受为维持他本人和家属的健康和福利所需的生活水准，包括食物、衣着、住房、医疗和必要的社会服务；在遭到失业、疾病、残废、守寡、衰老或在其他不能控制的情况下丧失谋生能力时，有权享受保障。对于人类来说，只有享有适当的生活水准，才能维持“体面的、有尊严”的生活，而人的尊严是人权的核心价值。当公民无法通过自己的能力维持这样的生活水准，国家和社会有义务提供保障和帮助。其次，法定权利在其现实化的过程中，会发生缺损

① 林喆：《公民基本人权法律制度研究》，北京大学出版社2006年版，第91页。

现象，国家需要采取措施对缺损的权利进行补偿以恢复该权利的完整性。国家的补救义务，是对少数人获得平等人权保障的补强，是对因国家权力运行和法律制度实施的不足带来的法定权利受损的补偿。这种“民生”领域、“兜底”式、“补偿”性的保障，已经成为现代国家人权保障制度的“标配”。

我国一直致力于民生的改善，党的十九大报告提出，“坚持在发展中保障和改善民生。增进民生福祉是发展的根本目的。必须多谋民生之利、多解民生之忧，在发展中补齐民生短板、促进社会公平正义，在幼有所育、学有所教、劳有所得、病有所医、老有所养、住有所居、弱有所扶上不断取得新进展，深入开展脱贫攻坚，保证全体人民在共建共享发展中有更多获得感，不断促进人的全面发展、全体人民共同富裕。”这段论述在发展权意义上明确了改善和增进民生的目标、内容和重点，涵盖几乎所有的社会权的范围，其中，“病有所医、老有所养、弱有所扶”即是救济权中保障权的内容。

在社会保障立法领域，我国已经出台了《社会保险法》，养老、医疗、工伤、失业、生育等社会保险制度的完善和落实已经获得了不小的成就。总的来说，由于改革开放以后我国社会保障领域的改革力度非常大，相关领域的制度不够成熟和定型，其法治化的程度和其他领域相比，还存在一定差距。以社会救助法为例，第八届、第十届全国人民代表大会常务委员会均将该法（当时名为“社会救济法”）列入五年立法规划，《社会救助法（草案）》也于2008年公开征求意见，但是该法目前仍然没有出台。在社会救助领域只有行政法规层级的法律规范。

2016年3月《慈善法》的颁布，是我国公民救济权保障立法的亮点。该法鼓励公益慈善组织的建立和慈善活动的开展，为我国公益慈善提供了法治保障。该法将慈善活动界定为“自然人、法人和其他组织以捐赠财产或者提供服务等方式，在扶贫、济困、扶老、救孤、恤病、助残、优抚、救助自然灾害等突发事件造成的损害，以及促进教科文卫体事业发展、保护环境等领域自愿开展的公益活动”（《慈善法》第三条）。其目的是让公民有更多的机会从社会获得物质帮助、救援救助。

六、人权保障立法的进展、问题及其完善

改革开放以来，中国人权保障立法的成就是有目共睹的。2017 年 12 月，国务院新闻办公室发布《中国人权法治化保障的新进展》，其中第一部分“不断完善人权保障法律体系”，从“完善立法体制机制；制定民法总则更加充分保障公民权益；完善经济、社会和文化领域立法；健全公民及政治权利领域立法；加强特定群体权利保障立法”五个方面对最近几年的立法做了全面的介绍。其中提及的“提倡一对夫妇生育两个孩子”“取消 9 个死刑罪名”“加快普及学前教育”“设立公安告诫、人身安全保护令和强制报告制度保护家庭暴力受害人”“保护行政诉讼当事人合法权益”等内容，无不体现了我国人权保障立法的进步，对于公民人权保障的力度在不断加强。

不容讳言的是，人权保障立法还有一些有待于进一步完善的地方。一是一些领域的人权保障立法还存在空白或者不够完善的地方。如前文提及的社会保障立法。二是一些领域的人权保障还没有在宪法层面确定下来。如环境权，宪法规定“国家保护和改善生活环境和生态环境，防治污染和其他公害”，但是没有明确公民的个体环境权。如迁徙权，我国宪法没有规定，实际上公民的流动与迁徙已经非常普遍。我国已经推动了户籍制度改革，出台了《居住证暂行条例》，首先在“城镇基本公共服务和便利常住人口全覆盖”方面，保障居住在非户籍地的常住人口享受基本的公共服务，这实质性地有利于流动人口的人权保障水平的提高。学界已有较为深入的研究，并提出了适时立法的建议。三是

随着高新技术的发展，一些新的人权问题、人权议题被提了出来，给人权立法提出了新的挑战。在数字时代，古老的人权保障遭遇了新难题。有学者提出“数字社会的人权”的概念[①]。这其中，个人信息权的保护已经获得了立法机关的密切关注，并在晚近的立法中有所涉及。但是立法的进程还是跟不上现实的需求。数据泄露的破坏性具有杠杆效应，小漏洞导致大损害，单凭技术手段限制信息的流通与使用非常困难，需要法律的规制[②]。在个人获得信息技术服务时存在“算法黑箱”的问题，软件自动基于抓取的个人信息以及数据库的信息作出自动化决定，存在出错甚至可能的程序出错或者“恶意”的算法歧视，这是人对于物的滥用，为了保障个人权利和自由，需要有法律和伦理的限制，技术规则本身也需要做适应性改变。另外，生物技术和基因科技也不断发展，“基因编辑婴儿”[③] 的出现给各国的科学界、法律界都敲响了警钟，强调对科技伦理和法律的恪守看来刻不容缓。更为迫在眉睫的问题，是“数字鸿沟”“网络暴力和霸凌”等现象，传统的人权问题经过互联网的放大，让人们看到“歧视”“不平等”“侵犯和践踏人权”现象仍是广泛存在的。联合国人权理事会 2017 年 6 月 27 日通过了《互联网上人权的促进、保护与享有》决议，支持了“以人权作为互联网治理的基础，人们在互联网下拥有的权利在互联网上同样必须受到保护”的立场[④]。各国在立法的时候，在平衡信息保护与流动价值冲突时，

---

① 许可：《人工智能的算法黑箱与数字正义》，载于《社会科学报》2018 年 3 月 29 日。

② 张继红：《信息权保护是大数据治理中最为核心的一环》，载于《社会科学报》2018 年 6 月 28 日。

③ 2018 年 11 月 26 日，南方科技大学副教授贺建奎宣布一对名为露露和娜娜的基因编辑婴儿于 11 月在中国健康诞生，由于这对双胞胎的一个基因经过修改，她们出生后即能天然抵抗艾滋病病毒 HIV。这一消息迅速激起轩然大波，震动了中国和世界。https：//baike. baidu. com/item/基因编辑婴儿事件/23176263？fr = aladdin。

④ 该立场在 2014 年 4 月 23 日和 24 日在圣保罗举行的“互联网治理的未来”全球多利益攸关方会议上提出。

保护个人人格尊严和安全感的基本理念一直都占据主导地位。我国的立法为从公共安全角度出发，对于个人权利的保护略显不足，这需要进一步的改善。我们注意到个人信息保护法已经列入了全国人民代表大会立法规划，期待有一部高质量的个人信息权保护立法的出台。

第三章

人权保障的行政责任

行政权是国家公权力体系的重要内容，经由宪法和行政性法律等授予政府及其部门，与人权的关系非常密切。在积极意义上，行政权的实现为人权保障提供制度资源、组织资源、机制和方式支持和经济社会条件支持，不得失职、渎职，应当有所作为。在消极意义上，应当遏制行政权的使用，防止其对人权的不当禁止或者限制。更值得注意的是，行政权可能产生的恣意、专横、腐败和官僚主义，不仅不利于人权的保障，更会直接侵犯公民的人身、财产等权利。改革开放以来，我国推动以法治化为关键性目标的政府改革，从促进政府职能的主动、积极、全面的履行和明确政府权力行使的法定化两个侧面，改进政府保障人权的有关制度。

一、人权保护的政府责任

40 年以来行政法制的发展，我国行政模式逐步实现了从管理行政到控权行政再到给付行政、指导行政、服务行政的转型，政府管理模式从集权型、管理型、秩序型、封闭型、随意型转向民主型、指导型、服务型、开放型、责任型①，政府角色发生了变化，政府职能发生了重大转变，保障人权从观念到原则、从制度到机制再到方式，渗透到政府运行的各方面。

（一）责任政府意蕴下政府的人权保障义务

政府履行了自己的义务，我们说政府是负责任的。在制度上完善政府的责任，是保障人权的重要方面。确立以人民为中心、为民负责的理念，保持人民利益的同步与平衡，关涉政府目标实现与合法性认同。对于责任政府的一个理解，就是“政府的行政和公共管理活动必须积极回应社会和公民的基本要求，并作为义务和责任接受监督，采取持续改进以满足公民要求的政府”。②

政府受人民的委托行使组织和保证社会合作的强制性权力，其首要职能是维护一个国家在国际国内两方面的最低限度的社会利益。对内，是和平、秩序、物质生活必需品无匮乏之虞，维持能充分供应全部人口的生产与分配方式，对外，保证国家安全、参与国际经济竞争，政府是最低限度利益的看守人。政府和人民都要服从法治，尊重人权，人民尊重合法政府，政府忠实履行职责，尊重人民政治权利。

党的十八届四中全会提出法治政府建设的首要任务是“依法全面履行政府职能”。法无授权不可为、法定职责必须为，这是“依法全面”要求的基本要求。责任政府要求政府全面履行法定职责，经济调节、市场监管、社会管理和公共服务、环境保护等方面职能都要履行到位，该管的一定要管住管好，做到不缺位、不失职。责任政府要求政府也必须是“回应型”政府，积极回应社会公众的需求和关切，对人民群众反映强烈的安全生产、食

---

① 莫于川：《依法治国方针下的大部制改革及其公法课题》，载于《行政法学研究》2018 年第 6 期。

② 燕继荣：《论政治合法性的意义和实现途径》，载于《学海》2004 年第 4 期。

品安全、环境保护、社会治安等突出问题，事不避难、敢抓敢管，切实履行好法定职责。

政府法定职能的转变是我国行政体制改革的重要方面，逐步由简单、全能到适度、清晰。从依法治国的角度来看，政府履行法律实施职责是非常明确的。通过行政决策、行政执法、化解矛盾和纠纷等途径和方式，政府有责任确保法律实施到位，以维护法律中明确的公民权利的有效实现。如劳动行政执法部门通过受理劳动者申诉信访、行政检查、行政处罚等方式督促用人单位遵守劳动法，维护了劳动者获得报酬等基本劳动权。

（二）法治政府要求下政府权力的法律控制

依法行政所依之法，是保障人权和公民权利自由，制约政府权力和官吏的法律，这才叫“实质法治”[①]。推进政府机构、职能、权限、程序、责任法定化，是以法律控制政府权力的主要内容。面对政府可能滥用权力的倾向，用法律规则和权力制约把政府的职能和活动加以限制和监督，督促政府去保障，而不是侵害人们的生命权、财产权和自由权等基本权利和自由。

法律优先和法律保留两项基本的宪法原则，为立法权和行政权划出边界，其核心内容在于保证和保护公民的基本权利和自由。根据法律优先原则，行政法规、规章不得与宪法、法律相抵触，如有抵触，有权机关将予以撤销。根据法律保留原则，限制公民人身自由的事项只能由法律规定，这在《行政处罚法》中有清晰体现。其关于行政处罚设定权的规定，体现了法律保留原则的核心内容。

在各项行政立法中，应注意对行政机关及其官员有所授权，也有相应的控权。政府权力及其运行机制的法定化改革，谋求建立与经济社会发展相适应的政府权力体系并明确其边界。党的十

① 郭道晖：《论以法治官》，载于《新华文摘》1998 年第 10 期。

八大以来（截至 2017 年 12 月），行政审批制度改革领域，国务院部门累计取消行政审批事项 618 项，彻底清除非行政许可审批，中央指定地方实施行政许可事项目录清单取消 269 项，国务院行政审批中介服务清单取消 320 项，国务院部门设置的职业资格许可和认定事项削减比例达 70% 以上，3 次修订政府核准的投资项目目录，中央层面核准的投资项目数量累计减少 90%。[①] 权力清单制度梳理出政府及其部门的具体权力事项并向社会公开，有助于消除权力设租、寻租的空间。截至 2016 年，全国 31 个省级政府部门均已公布权力清单[②]。

行政机关不得法外设定权力，没有法律法规依据不得作出减损公民、法人、其他组织合法权益或者增加其义务的决定。加强规范性文件监督管理，行政机关规范性文件不得设定行政许可、行政处罚、行政强制，各类行政法规、规章和规范性文件都已纳入备案审查范围，实现“有件必备，有备必审，有错必究”。

行政自由裁量权广泛存在，必须防止自由裁量权的滥用。按英国宪法学家戴雪的说法，政府一方专横的自由裁量权，必然意味着公民一方的法律自由难以保障。比例原则是约束行政自由裁量权的基本原则。行政处罚法中过罚相当原则就体现了比例原则的精神，它要求行政处罚必须与违法行为的事实、性质、情节以及社会危害程度相当。

有权必有责、用权受监督、违法受追究、侵权需赔偿。行政机关必须对法律负责，承担因自身行政行为违法或不当产生的各种法律责任。我国法律建立了对政府权力的全面的监督体系，包括人民代表大会监督、政协监督、行政监督、司法监督、监察监督、审计监督、社会监督、民主监督等，形成了行政纠错机制和责任追究机制。实施《党政领导干部生态环境损害责任追究办法（试行）》，对 25 种党政领导干部生态环境损害情形实行党政同

①② 国务院新闻办：《中国人权法治化保障的新进展》，人民出版社 2017 年版。

责、终身追责，提高了各级领导干部保护自然生态和环境权利的责任意识。监督和救济制度为受政府行为侵害的公民基本权利和自由的权利恢复与补偿提供了法律途径。

（三）廉洁政府前提下公职人员的行为约束

政府的廉洁性意味着公职人员廉洁奉公，公共权力和公共资源的获取和运用合法且无私，其是政府合法性、正当性的保证。只有廉洁的政府才能获得公信力、凝聚力和感召力，能够更好地履行政府责任，保证社会公平正义，促进社会发展和进步。问题的另一面是，腐败对人权的危害。世界银行对于腐败的定义是“滥用公职以牟取私人收益（the abuse of public office for private gain)”①。无论是对于集体人权还是个体人权，公民基本权利自由还是经济、社会、文化权利，都可能因为腐败带来损害②。决策腐败影响了人民的经济发展构成了对经济自决权的侵犯，进而损害人民的生存权和发展权。公职人员的贪污、挪用行为挪用了用于社会服务的资金，损害了政府提供健康、教育和福利服务等与经济、社会和文化权利保障相关的服务能力。腐败影响到政府开支时，其带来的资源配置的错位可能影响到民生资金的投入。司法人员受贿或者失职、渎职，不正当地影响了司法决定的过程和结果，无疑直接损害公正，侵犯获得公平审判的基本人权。为了避免被揭露、掩盖并维持腐败行为，公民权利和政治权利比如言论自由和人身自由都可能受到重大威胁③。

坚持以公开为常态、不公开为例外的原则，推进政府信息公开和政务公开是各届中国政府一直延续的制度进步的方向之一。国务院《政府信息公开条例》自 2008 年 5 月起施行，新版本的

① World Bank. *Helping Countries Combat Corruption*: The role of the World Bank, 1997, P. 8, R.

②③ 孙世彦：《腐败如何损害人权》，载于《法治与社会发展》2013 年第 6 期。

《政府信息公开条例》也于2019年5月15日正式实施。政务公开作为廉政工作的重要抓手被反复强调，财政预算、公共资源配置、重大建设项目的批准和实施、社会公益事业等领域成为重点。如国务院要求把政府所有收支全部纳入预算管理，所有财政拨款安排的“三公”经费都要详细公开，对与群众利益密切相关的食品药品安全、保障房分配、医疗服务收费、高校招生、国有企事业单位人员招录等信息，都要明明白白地公示[①]。公开抑制腐败的产生，利于形成“守规矩”的公职人员队伍，公民基本权利的平等保障就能更好地落实。

（四）民主政府原则下公民对政府行政过程的参与

经过不间断的政府改革，政府的角色已经发生变化，从先前的决策者、家长、管理者变为服务员、指导员、合作伙伴，行政民主、公众参与、共同治理的观念逐步确立[②]。人民当家做主的法治原则，在宪法中表述为人民对于国家事务、社会事务等的民主参与，在行政领域具体表现为对于政府行政过程的制度化参与。我国立法为制度化参与提供了体现平等性、参与性、互动性和可选择性等民主特质的行政程序，政府有责任保证并接受公民参与到行政活动中。

参与权，既是一项基本的政治权利，也是公民其他人权实现的重要保障。公民通过了解信息，积极地参与到政府管理活动中，实现自身的利益和意愿，也能促进公共利益的形成进而增进社会福祉。

公民参与权并不能够自动地实现。对公众参与制度的目的与功能要有正确的认识，利益的准确表达是关键。不能“把公众参

---

① 褚建国：《让廉洁政府带动“干净社会”》，载于《人民日报》2014年2月24日。

② 莫于川：《依法治国方针下的大部制改革及其公法课题》，载于《行政法学研究》2018年第6期。

与简单理解为征求公众同意不同意"[①]。法律制度的保障是基本前提。我国在法律中明确了环境影响评价公众参与、行政处罚听证、行政许可听证、价格决策听证等具体的程序制度。政府信息公开的程度是重要的辅助条件。政府严格履行公开信息、情报的法定义务，"半遮半掩""默默"公开影响信息公开的效果，不利于避免公民参与中因为信息不对称带来的参与无效问题。建立便利高效的办事程序、通畅的听取意见的通道是落实参与权的重要机制，在这方面，我国的信访制度已经逐步探索实现其征集人民意见的功能。正在迅速发展中的"互联网 + 政务"体系提高了公民参与的意愿和效率。政府的回应特别是对公民参与的及时反馈，能够有效激励有价值公民意见的生产，帮助汇集民意，有效改善政府治理绩效，实现公民权利。《江苏省环境保护公众参与办法（试行）》特别指出，对于公众提出的意见，不予采纳的也要及时说明。

（五）服务政府理念下公民获得基本公共服务的权利

服务政府的理念在权力来源和权力目的的双重意义上重新阐释了"一切权力属于人民"的人民当家做主的宪法原则。在具体的制度层面，要求政府依法全面履行公共服务提供的职能。从广义上来说，公共服务包括维护性的公共服务和社会性的公共服务。维护性的公共服务，包括维护市场经济秩序、保护公民权利和财产权利、保卫国家安全和社会安全等。社会性服务是指完善的社会福利体系和健全的社会保障制度，包括教育、医疗、卫生、环境保护、公共事业和社会保障等。通常将社会性公共服务作为政府公共服务职能的主要体现。

当权利、福利和人类幸福成为一切社会存在的终极目的，人

---

① 苏艺：《公众参与环保，不能只是填表》，载于《人民日报》2017 年 1 月 13 日。

类社会的永恒发展主题，政府以贴近权利、福利和人类幸福的姿态就不足为奇了[①]。政府积极提供公共服务，极大增进了公民经济、社会和文化权利的实现和水准提高的可能，从而为公民权利和政治权利的实现创造更好的条件。这也是政府促进生存权和发展权等首要人权的重要路径。这些“通过国家的权利”和“向国家要求的权利”[②] 的实现拓展了政府积极义务的范围，从秩序行政、管制行政向服务行政、给付行政拓展。

中国政府提出了2035年基本实现基本公共服务均等化的目标。基本公共服务是保护个人最基本的生存权和发展权、实现人的全面发展所需要的基本生活条件。它保障人类的基本生存权，满足基本尊严和基本生活能力的需要以及基本健康的需要。基本公共服务均等化是指全体公民都能公平可及地获得大致均等的基本公共服务，其核心是促进机会均等，重点是保障人民群众得到基本公共服务的机会，而不是简单的平均化。

享有基本公共服务是公民的基本权利，保障人人享有基本公共服务是政府的重要职责。2017年1月13日国务院印发了《“十三五”推进基本公共服务均等化规划》，作为“十三五”乃至更长时期推进基本公共服务体系建设的综合性、基础性、指导性文件。文件充分肯定了我国基本公共服务的发展成就（见表3－1），提出“从解决人民群众最关心最直接最现实的利益问题入手，以普惠性、保基本、均等化、可持续为方向，健全国家基本公共服务制度，完善服务项目和基本标准，强化公共资源投入保障，提高共建能力和共享水平”的指导思想。文件提出了“十三五”时期公共服务领域主要发展指标。文件根据“贯穿一生的基本生存需求与发展需求”，明确了8类国家基本公共服务制度，即基本公共教育、基本劳动就业创业、基本社会保险、基本医疗卫生、基本社会服务、基本住房保障、基本公共文化体育、残疾人基本公共

①② 柳砚涛：《行政给付研究》，山东人民出版社2006年版，引言第1页。

服务，要求将基本公共服务制度作为公共产品向全民提供。文件提出了“十三五”国家基本公共服务清单和明确的服务标准、支出责任和负责单位，确保发展目标如期实现。

表 3－1　　2015 年我国公共服务提供的有关数据

项目	数据
九年义务教育巩固率	93%
进城务工人员随迁子女流入地公办学校就读比例	超过 80%
全国就业人员	77 451 万人
劳动者参加就业技能培训后的就业率	平均 70% 以上
基本公共卫生服务项目	12 类
基本医保参保率	超过 95%
大病保险	覆盖全部城乡居民医保参保人员
公共卫生服务经费	每人每年 40 元
城乡居民基本医疗保险补助标准	每人每年 380 元
累计开工城镇保障性安居工程住房	4 013 万套
广播、电视人口综合覆盖率	98%

资料来源：根据《“十三五”推进基本公共服务均等化规划》制作。

二、人权保障与行政程序

行政程序，在一般意义上，是行政主体按照一定的顺序、方式、步骤和时限做出具有法律意义的行政决定的过程。在这个过程中，作为行政相对人的公民得以通过行使程序性权利参与有关的方式和步骤，在程序性法律规则的指引下表达自己的意愿和诉求。有权做出行政决定的行政主体，其表达意见的行动也同样受到这些程序性法律规则的约束。这样，行政程序一方面是公民权利实现的方式，另一方面事先确定了政府运用权力的顺序、方式、步骤和时限。这恰好契合了人权保障对于法律制度的要求。

（一）行政程序的人权保障功能

现代程序正义理论认为，程序不仅是实现实体正义的手段，而且它本身也是人们追求的目的[①]。这意味着将一项法律程序判断为“好”程序，有两个标准。一是产生好的效果或者说结果，二是程序本身体现出来的理性、人道性、对个人尊严的尊重。在我国，通常把更为关注好的结果称为“实质法治”，把严格遵守程序称为“形式法治”，并且把二者结合作为我国法治的重要特征。

现代行政程序是在反思第二次世界大战的教训以后迅速发展起来的，反映了人权保障理念的诉求。其对人权保障的主要功能，具体表现在：

1. 支持公民参政议政权的实现

在现代社会中，社会政治、经济和文化的发展与公民个人的自我价值实现日趋紧密。这种互为因果的关系使公民对行政权是否合法、正当地行使寄予更大的关注。国家在“从传统的农业社会向现代工业社会的变革中，社会经济发展必然导致公民政治参与要求的增加”[②]。协商民主满足了公民经由代议民主难以实现的参政议政的需求，其驱动力是公民个人利益的保护。行政决策的公开和公众参与的程序设计，为公民参与公共决策准备了基础方式。

2. 便利公民对可能影响自身人身权、财产权以及其他权利的负担性行为提出意见

所谓负担性行为，是指产生负面后果的行为。比如行政处罚中的行政拘留，对公民的人身自由产生负面的后果。这些行为一旦做出，虽然可以做事后补救和补偿，却不能消除其对个人带来

---

① 应松年：《当代中国行政法》，中国方正出版社2005年版，第1235页。
② 邓伟志：《变革社会中的政治稳定》，上海人民出版社1997年版，第131页。

的诸多负面影响。行政程序给予公民在行政处罚做出之前的陈述和申辩的权利，为公民获得更为公正的处理准备了基础方式。

3. 约束行政自由裁量权

行政机关在运用权力做出决定的时候，在决定的理由、标准、方式等方面，拥有较大的自由空间。“现代管理型法律更为典型的是，官员们行使很大的自由裁量权，也就是在定义宽泛的和总的规则范围内行使权力。”[①] 防止行政自由裁量权滥用成为现代行政法的永恒话题。程序机制可以促使行政主体做出理性的选择，此种功能的发挥基于行政程序引入了非行政机关的其他力量和因素，形成对行政机关的反制。同时，行政程序也为公民提供了评价行政自由裁量权是否公正行使的能力和机会。

（二）我国行政法上公民的程序性权利

行政程序相对于公民的权利保障的法律意义，赋予了其作为行政程序当事人享有的程序性权利。公民的人身权等实体性权利的实现和保护，总是通过程序性权利而实施的。结果依托于过程才能实现，程序性权利为实体结果实现提供方式、手段、步骤等，他们构成实体结果实现的过程[②]。缺乏相应程序权利的实体权利可能只是“空中楼阁”。这也意味着如果程序设计不妥当，也会影响实体权利的实现。我国行政法通过具体的程序制度赋予了行政相对人多项程序性权利。

1. 要求由中立的行政官员主持程序并作出决定的权利

主持行政程序并作出决定的行政官员必须是中立的，首先因为只有中立的行政官员才能保障通过程序而做出的结果是更为客观、公正的。如果该行政官员与案件有某种利害关系，那么他实

① 宋冰：《程序、争议与现代化——外国法学家在华演讲录》，中国政法大学出版社 1998 年版，第 109 页。

② 王锡锌：《行政程序法理念与制度研究》，中国民主法制出版社 2007 年版，第 108 页。

际上成了"自己案件的法官"。其次，中立的行政官员主持程序过程，可以使程序表现出"看得见的公正"。

这一项权利在我国行政法中体现在三个方面的程序制度中。一是行政回避制度，赋予行政相对人申请回避的权利。如果行政相对人认为处理案件的行政官员可能与本案有利害关系，有权申请回避。二是审裁分离、裁执分离制度。行政程序是一个过程，它包括许多环节，如果所有的环节都由某一个或两个行政官员主持，就会出现职能混同的现象，即调查、决定、执行的职能混合，这会对中立性造成影响。我国《行政处罚法》规定了行政处罚设定权与实施权的分离、调查权与决定权的分离。三是禁止单方接触的制度。如果有多个行政相对人，在正式的程序场景下，除非一方主动放弃，行政官员不能在一方不在场的情况下与其他行政相对人接触。

2. 被告知或获得通知的权利

当公民的基本权利可能受到行政决定的不利影响的时候，他有被告知的权利。如果不能知晓行政决定可能对其不利的内容，也就无法采取措施保护自己的权利。政府在做出行政决定时可能影响个人权利，就应当主动告知有关的信息，这体现了程序对人格尊严的承认和尊重。

在我国行政法上，这一权利在两个层面上得以实现。一是在行政立法和规范性文件层面。法律、法规明确规定，行政立法和规范性文件在通过后必须通过媒体登载等方式向全社会公开，未经公开的法律文件不具有法律效力。为了保证这项制度有效落实，政府印制免费的《公告》发放，并在公开媒体上广泛宣传，让法律文件便于取得、法律内容广为周知。二是在行政处罚等行政处理决定层面。法律明确规定了行政机关的告知义务。如在做出行政处罚之前，应当告知行政相对人处罚的事实、依据和理由。做出处罚决定之后，应当及时将处罚决定书送达当事人等。在具体的程序制度设计上，明确了通知的内容、期限和方式，以保证行政相对人及时获得有效的信息。

3. 陈述、申辩以及提起听证的权利

陈述是对事实的陈述，申辩是对行政机关不利指控的反驳，听证是对事实的陈述和反驳的理由能够为行政机关所了解和知晓。行政机关做出影响公民权利义务的不利决定时，必须听取对方的意见，这是不可动摇的、普遍建立的基本原则。听证权，即意见被听取的权利，在国际人权公约中被广泛认可。联合国《公民权利与政治权利国际公约》第十四条规定了刑事诉讼法被告人享有“被听取意见的权利”，这一理念同样适用于行政程序。

行政机关听取意见的程序制度，在实体意义上有助于公正结果的产生，因为这个结果有多方意见的汇集、多方主体的协商、谈论和辩论。在程序意义上，当行政相对人的意见有机会表达并被听取，这种机会本身就意味着对于人格尊严的承认和尊重。

在我国的行政程序法律制度中，行政处罚程序和行政强制程序都明确规定了行政相对人的陈述、申辩权。同时针对可能对行政相对人的利益有重大影响的行政决定，行政相对人可以提起启动正式的听证程序的申请。行政机关有义务告知其听证的权利，并在提出听证申请的情况下启动听证程序。听证制度有两大类型。一是行政决策听证，即政策制定的听证。《价格法》规定，政府定价如果调整应召开价格听证会。重大行政决策制定中有重大争议的，也可以召开听证会。二是行政决定听证会。《行政处罚法》中规定了行政处罚听证制度，《行政许可法》中规定了行政许可听证制度。环境项目决定过程中，也要求在需要的情况下召开听证会听取利益相关人的意见。作为一种能够汇集各方意见、协调各方利益的形式，听证会广为运用于行政决定和社区治理的各个方面。

完整的听证权的内容通常包括以下内容：要求听证公开举行；听证在合理的时间内举行；得到举行听证的及时的通知；有机会反驳对自己不利的观点；获得足够的信息和资料；得到法律

咨询或者法律援助的机会等。

4. 要求说明理由的权利

权力必须理性地行使，行政机关作出决定必须说明理由，特别是这个决定可能对行政相对人产生不利后果的情况下。说明理由能够约束行政自由裁量权，也有助于行政相对人理解并理性评价行政决定的内容。我国《行政许可法》规定，如果行政机关决定不予许可的，必须说明理由。在行政处罚的过程中，需要将做出行政处罚的理由告知被处罚人。其中，行政处罚裁量的理由说明非常重要，比如，行政机关必须说清楚在某个具体的案件中为什么选择某种处罚方式、为什么选择某种处罚标准。

5. 拒绝服从的权利

拒绝服从的权利是指行政相对人拒绝服从行政机关要求或合作的权利。在法理上，该权利的行使条件是行政行为明显违法，如果执行行政机关的决定可能带来巨大的甚至无可挽回的损失，则行政相对人可以拒绝服从。在具体的行政管理实践当中，一般需要有法律的明确规定，比如执法人员未表明身份和执法资格。《行政处罚法》规定了行政相对人拒绝缴纳罚款的一种情形：行政机关及其执法人员当场收缴罚款的，必须向当事人出具省、自治区、直辖市财政部门制发的罚款收据；不出具财政部门统一制发的罚款收据的，当事人有权拒绝缴纳罚款。

6. 申诉权

对于已经作出的决定，行政相对人有权提出申诉。这意味着，由某一个行政机关作出的决定，行政相对人有机会申请其他机构进行审查。权利救济是人权保障的重要方面，为了获得更为公正的结果，各国都将最终的对行政决定的审查权力赋予法院。不过，法院的审查较多限于合法性审查，司法权对行政权的干预不能影响行政权的正常、有效行使。同时，行政领域的专业性问题司法并没有更好的解决方案。因此，许多国家都建立了行政性的或者准司法的程序制度和审查机构方便公民申诉权的行使。

在我国，宪法明确规定了公民的申诉权利，建立了行政复议制度。如果公民认为行政机关的决定侵犯了他的人身权、财产权或其他合法权益，有权申请行政复议。

（三）更好发挥行政程序的人权保障功能

自 20 世纪 80 年代以来，我国行政程序制度逐步从无到有地发展起来。正当程序原则作为依法行政的基本要求写入了国务院推进依法行政的文件。在培训公务员的时候，树立程序意识也被反复强调。人民法院在行政诉讼的过程中，对行政行为的程序审查秉持一贯的严格的态度，行政机关恪守法定程序的情况有了很大改善，这对于发挥行政程序的人权保障功能具有重要意义。

同时，行政管理实践和司法实践反馈的情况表明，行政程序在保障公民权利和自由方面还存在不少问题。比如存在“程序虚置”“程序形式主义”“程序选择性执行”等现象。其主要原因，一方面是我国的程序制度还不够完善、一些程序规定不尽合理，另一方面是行政机关在追求行政效率的同时难以兼顾对行政程序的恪守。行政机关为了实现阶段性行政管理目标，通过各种方式说服行政相对人放弃法定的程序性权利，或者明知违反法定程序仍旧做出行政决定。因此，应当针对现实情况采取有效措施，更好发挥行政程序的人权保障功能。

1. 制定行政程序的基本法律

许多国家都制定了行政程序的基本法律或称为行政程序法典。行政程序法的兴起和发展，主要在 20 世纪。在 20 世纪初、第二次世界大战后以及 20 世纪 90 年代，经历了三次发展的高潮[①]。行政程序法的施行，使纷繁复杂的行政权的行使得到基础性的统一。在我国，行政程序制度已经广泛建立起来。如行政立

① 王万华：《行政程序法研究》，中国法制出版社 2000 年版，第 78 页。

法程序、行政处罚程序、行政许可程序、行政强制程序、行政复议程序，以及重大行政决策程序等。这些程序制度的建立和完善过程，始于20世纪80年代末期，一直到30年后的今天还在延续。分散、个别、渐进的立法策略，在某个阶段重点解决某个方面的立法，在回应社会立法需求方面是很有价值的。但是，各阶段立法的不一致性也是非常明显的。行政法规、部门规章、政府规章以及规范性文件中也包含了大量的行政程序规范，既有碍于法制统一、浪费立法资源，又不利于行政程序有效发挥其应有的功能，反而可能因为其规定不合理影响了程序意识的确立。制定统一的行政程序的基本法律正当其时，应逐步推进行政程序法典化的进程，提高程序立法的质量。

2. 强化行政程序的“刚性约束”

违反行政程序作出的行政决定，会以“程序违法”为理由被确认为无效或者被撤销。这是对公民程序性权利的救济，从而对行政机关遵守法定程序形成约束。从对行政程序的独立价值的尊重来看，将“程序违法”作为独立的判决事由是符合法理的。问题的另一面是，将行政程序过程与结果的公正性联系在一起的时候，可能出现程序违法但不影响结果公正性的情况。这时当法院撤销原具体行政行为、责令行政机关重新作出行政决定的时候，对于行政机关来说要付出资源和效率的损失。虽然这可以说是“行政机关违法在先”而应当承担的后果和代价，但是从人权保障和公共资源利用的整体效果来看，还是有进一步研究和改进的空间。

因此，单纯从权利救济的角度强化行政程序的“刚性约束”是不够的。在进行程序立法的时候，首先要明确应当坚守的行政程序的底线，即“公民的合法权利”“法律的强制性规定”两个原则。探索更为灵活的程序制度，比如和解和协商，“刚性约束”和“柔性规范”相结合，避免程序规定不合理成为“挡箭牌”或者“拦路虎”，更有利于公民人权的保障。

三、公民知情权的政府责任与法律保障

知情权（the right to know），从广义上来讲，指的是接受、寻求和传递信息的自由，是从官方或者非官方获知有关情况的权利；从狭义上讲则仅指知悉官方有关情况的权利。[①] 在现代社会，知情权是现代公民政治参与权实现的前提和基础，是公民“基于国家权力主体的法律地位而应当知道与国家权力行使有关信息的基本权利”[②]，是参政权的重要组成部分，同时也是言论、出版自由的内容之一。严格来说，它是第二次世界大战以后才提出和发展起来的新兴人权。在我国，有用信息的绝大部分为政府所掌握，可以这样说，政府信息公开的程度决定了公民知情权的实现程度。2008 年 5 月 1 日国务院公布的《政府信息公开条例》开始实施，我国政府信息公开制度正式建立。2019 年 5 月 15 日，修订后的《政府信息公开条例》施行，标志着我国的政府信息公开制度进入了新的阶段。

（一）政府的知情权保障责任

知情权包含有丰富的内容。既包括不受妨碍自由地获取信息，也包括要求持有信息的主体公开或者提供信息。不少学者对知情权的权能做了细致的讨论，虽然观点各有不同，但是对于知情权既包括消极的自由又包括积极的请求权可以达成一致。[③]

对应于这两方面的权利内容，政府有责任在三方面保障公民

① 张庆福、吕燕滨：《论知情权》，载于《江苏行政学院学报》2002 年第 1 期。

② 赵正群：《得知权理念及其在我国的初步实践》，载于《中国法学》2001 年第 3 期。

③ 汪进元等：《国家人权行动计划的实施保障》，中国政法大学出版社 2014 年版，第 141 页。

知情权的实现：一是消除妨碍公民接受、寻求和传递信息的制度等方面的障碍；二是为公民寻求信息提供制度保障、便利条件；三是当公民知情权受到侵犯或者不能实现时，提供救济的途径。

政务公开工作、政府信息公开制度和行政复议制度等是我国政府履行公民知情权保障责任的基本制度和措施。政务公开工作要求各级政府建立政府事务公开的工作机制，有重点有步骤地主动、及时公开立法、决策、行政活动等各种政府事务。通过发达的电视、网络等公开的平台和新闻发布、传播机制，公民能够接收到政府事务的相关信息。政府信息公开制度在涵盖政务公开的信息的同时，依公民的申请提供政府制作或者持有的相关信息。行政复议制度为公民提供救济途径。如果公民对政府不予公开信息等决定不服的，可以提起行政复议。

在制度体系建设之外，信息公开的平台建设逐步加强，为公民获取信息提供了便利条件。截至 2017 年 4 月，全国县级以上地方各级人民政府共设立政务大厅 3 058 个，覆盖率 94. 3%；乡镇（街道）共设立便民服务中心 38 513 个，覆盖率 96. 8%。[①]

（二）我国宪法和法律对知情权的保障

在《世界人权宣言》中，知情权被包括在表达自由中，作为自由权的一种。其第十九条规定："人人有权享有主张和发表意见的自由；此项权利包括持有主张而不受干涉的自由，和通过任何媒介和不论国界寻求、接受和传递消息和思想的自由"。在《公民权利和政治权利国际公约》以及其他有关的国际人权文件中，对于"媒介"做了更为具体的解释也表达了对媒介的重要意义的关注，同时在"表达自由"中突出强调了知情权。

我国宪法中并没有直接规定知情权的条款，但是可以从言

---

① 国务院新闻办：《改革开放 40 年中国人权事业的发展进步》，人民出版社 2018 年版。

论、出版自由等条款中推导出公民的知情权。同时，知情权作为参政权的一个重要内容，在中国共产党的文件中有非常清晰的定位。

在我国众多的法律和法规中，散见诸多关于政府以及立法机关、司法机关等向公众或者特定当事人告知有关信息的制度。例如，在《环境保护法》中规定了环境监测信息公开的制度，《立法法》等法律法规将公布法律、法规、规章和规范性文件作为必经程序，《行政处罚法》明确要求行政处罚的依据公开、过程公开和结果公开。我国也已经建立了比较完善的新闻发布制度和新闻发言人制度。《国家人权行动计划》中专门提到了知情权的问题，对于自然灾害、突发事件、安全生产信息公开以及厂务公开、公共企事业单位办事公开、领导干部任免信息公开、价格和收费信息公开等做了要求，确认和保护了公民知情权。

（三）以政府信息公开制度保障公民知情权

在我国，公民依法获取政府信息，即获取行政机关在履行行政管理职能过程中制作或者获取的，以一定形式记录、保存的信息，依循《政府信息公开条例》（以下简称《条例》）进行。该《条例》从基本原则、公开的主体、公开的范围、公开的方式和程序、监督和保障等方面进行了明确的规定。

1. 以公开为原则，不公开为例外

“以公开为原则、不公开为例外”是政府信息公开的基本原则。公民享有平等获取政府信息的权利，行政机关应当公正、平等地对待申请人，不应当歧视和存在偏见。政府应当明确信息公开的机构、建立信息公开的制度、拓展信息公开的形式，为公民获取政府信息提供便利。发现影响或者可能影响社会稳定、扰乱社会和经济管理秩序的虚假或者不完整信息的，应当发布准确的政府信息予以澄清。在判定政府信息是否应当公开时，应谨慎依法判断，特别是不能把“不公开”的例外当成“挡箭牌”，这样会实质性影响公民知情权的实现。

政府信息是否应当公开，特别是是否应当依公民申请公开，《政府信息公开条例》设计了一个“以公开为原则、以不公开为例外”的判定法律框架，即：第一，除《条例》规定的例外情形，政府信息应当公开。第二，《条例》以三个条文明确“不予公开”“不得公开”“可以不予公开”的具体情形。“不予公开”的政府信息，包括依法确定为国家秘密的政府信息，法律、行政法规禁止公开的政府信息，以及公开后可能危及国家安全、公共安全、经济安全、社会稳定的政府信息；“不得公开”的政府信息是指涉及商业秘密、个人隐私等公开会对第三方合法权益造成损害的政府信息。但是此种信息如果第三方同意公开或者行政机关认为不公开会对公共利益造成重大影响的，予以公开。“可以不予公开的信息”包括行政机关的内部事务信息和过程性信息、行政执法案卷信息等。法律、法规、规章规定过程性信息和行政执法案卷信息应当公开的，从其规定。新修订的《条例》总结了政府信息公开的实践，进一步明确了政府信息公开的例外情形的边界。

2. 不断扩展的主动公开的范围

新修订的《条例》将政府主动公开和依申请公开分为两章加以规定。在主动公开的范围方面，有了更为系统、明确的规定，相比旧《条例》做了不少拓展。一是，明确了应当主动公开的政府信息的基本判定原则。《条例》第十九条规定，对涉及公众利益调整、需要公众广泛知晓或者需要公众参与决策的政府信息，行政机关应当主动公开。二是，正式建立政府信息公开指南和政府信息公开目录制度。三是，以列举方式明确应当主动公开的政府信息的内容。《条例》第二十条规定了十五项政府信息，其中第十五项为“兜底”条款，为尚未列举的政府信息的主动公开留下了空间。四是，明确了主动公开的范围的开放性。《条例》第二十一条规定，行政机关应当依照《条例》规定确定主动公开政府信息的具体内容，并按照上级行政机关的部署，不断增加主动公开的内容。

3. 公民信息公开申请权的保障

公民可以向《条例》明确的具有政府信息公开职责的行政机关申请获取相关政府信息。新修订的《条例》有一个重要的修改，删去了“根据自身生产、生活、科研等特殊需要”作为公民申请信息公开的前置条件。这意味着公民信息公开申请权的行使没有必要说明“目的或动机”。《条例》肯定了政府信息公开实践中对于“三需要”的扩张解释，从而再规定“三需要”已经没有必要。同时，从立法技术来看，“三需要”的表述含义模糊不清，不利于实践认定。

《条例》规定了公民行使信息公开申请权的程序制度，包括申请的提出、申请内容的明确、申请的时间认定、第三方意见征求、对信息公开申请的答复、信息公开申请的费用等内容。程序制度对于明确申请人和信息公开机关的程序权利和义务，平衡公民信息公开申请权和政府信息公开效率之间的关系，具有特别重要的意义。

《条例》关注到不合理的信息公开申请以及不正确的信息公开申请的问题，并作出了回应。其第三十五条规定，申请人申请公开政府信息的数量、频次明显超过合理范围，行政机关可以要求申请人说明理由。行政机关认为申请理由不合理的，告知申请人不予处理；行政机关认为申请理由合理，但是无法在规定的期限内答复申请人的，可以确定延迟答复的合理期限并告知申请人。《条例》第三十九条规定，申请人以政府信息公开申请的形式进行信访、投诉、举报等活动，行政机关应当告知申请人不作为政府信息公开申请处理并可以告知其通过相应渠道提出。申请人提出的申请内容为要求行政机关提供政府公报、报纸、期刊、书籍等公开出版物的，行政机关可以告知获取的途径。

四、行政执法中的人权保障问题

行政执法是行政主体实施管理、执行法律规范的行政活动，具有强烈的行政权力的特征。在法律、法规的授权下，执法机构依法对具体事件进行处理，如发放许可证、进行行政检查、收取行政费用、征收征用财产、采取强制措施、实施行政处罚等。行政执法活动在我国社会中非常活跃而普遍，直接影响公民的基本权利和自由。行政执法权运用得当，则能够有效维护公民的合法权益。反之，则会对公民的权益带来负面影响。

改革开放以来，我国的行政执法在直面问题、解决难题的过程中不断探索同时实现两大目标：行政执法权力行使的规范化和行政法律执行的有效性。从人权保障的意义解读，可以确立行政执法的人权标准。这一标准有两个侧面：一是行政执法权的规范行使，体现了它是“尊重人权、充满人性、适可而止”的权力[①]；二是行政执法权保障法律执行的有效性，体现了它是“负有责任、交涉互动、纠正违法”的权力。

行政执法的强力性充分显示了行政执法的强制性和权威性甚至不容置疑性。我国行政执法的权力特征强、法治特征弱，具体表现在行政执法的各种痼疾上。如执法过程缺乏说理性，政府执法行为缺乏必要的伦理约束，手段简单化等。而面对一些特殊的群体又显得权威性不足。经常见诸报端的行政执法冲突引发一轮又一轮的讨论，问题的焦点总是聚集在“权力的规范使用”和“权利的尊重保护”方面。

党的十八届四中全会提出“严格规范公正文明执法”的总要求，并提出了多项改革措施。从人权保障的角度来看，应当关

① 肖金明、冯威：《行政执法过程研究》，山东大学出版社2008年版，第105页。

注以下 4 个问题。

（一）行政调查取证的法治化

行政调查取证是行政执法的中间环节，行政机关依照法定程序采取合法的方式，获取证据材料的行为。只有获得了充分的证据，才能做出公正的行政处理决定。在未收集证据或者证据不充分的情况下，行政机关不得做出行政行为。行政调查取证应当依法进行，应注意对公民合法权利的尊重和保护。

以非法方式获取的证据，不能作为定案的证据。公安机关在其办案程序规范中确立了“非法证据排除规则”，2019 年 6 月交通部开始实施《交通运输行政执法程序规定》，明确执法人员以非法手段取得的证据不能作为定案的证据。在实践中，一些“秘密调查取证”的方式仍然存在，关键在于是否足以认定其取证方式的“非法性”。

我国行政调查取证的制度化程度不高，规则不够系统、细致和可操作。“取证难”是一直困扰行政执法的难题之一，这在某种程度上成为非法取证的诱因之一。因此，必须推动行政调查取证的法治化进程，既支持行政执法，又避免对公民权利的侵犯。

（二）文明的行政执法方式

行政执法方式是行政执法权力的表达形态，或者说执法行为的表现形式。执法方式承载着特定的价值观念和道德标准，应当使以对人的基本权利的尊重为核心的价值观念和道德诉求在政府执法方式中占据观念主导地位。也就是说，在执法过程中表达对真实的个人价值与尊严、人格与精神的真诚关切①。1979 年联合国《执法人员行为守则》第二条规定，执法人员在执行任务时，应尊重并保护人的尊严，并且维护每个人的人权。

---

① 肖金明、冯威：《行政执法过程研究》，山东大学出版社 2008 年版，第 108 页。

行政执法方式从封闭转向公开，由单方意志转向双方交涉，由强制转向说服，都是由限制权利转向保障权利的具体表现。行政违法当事人确实违反了法律规定，其违法行为依法予以处理，但其所承受的处理不能超过合理的限度，他的其他合法权利应当受到尊重。

（三）行政执法三项制度的落实

所谓行政执法三项制度，是指行政执法公示制度、执法全过程记录制度、重大执法决定法制审核制度（以下统称“三项制度”）。2019 年司法部在全国全面推行这“三项制度”，配合行政执法信息化建设，进一步规范行政执法权力的运行。

行政执法公示制度，按照“谁执法、谁公示”的原则，明确公示内容的采集、传递、审核、发布职责，规范信息公示内容的标准、格式，及时通过政府网站及政务新媒体、办事大厅公示栏、服务窗口等平台向社会公开行政执法基本信息、结果信息。执法全过程记录制度，通过文字、音像等记录形式，对行政执法的启动、调查取证、审核决定、送达执行等全部过程进行记录，并全面系统归档保存，做到执法全过程留痕和可回溯管理。对查封扣押财产、强制拆除等直接涉及人身自由、生命健康、重大财产权益的现场执法活动和执法办案场所，要推行全程音像记录。重大执法决定法制审核制度，行政执法机关作出重大执法决定前，要严格进行法制审核，未经法制审核或者审核未通过的，不得作出决定。

（四）公安行政执法与人权保障

公安行政执法领域非常广泛，涉及户籍管理、治安管理、交通管理、网络安全等很多方面。其中，治安管理是最重要的，也是较易产生执法冲突的领域。作为基本法律依据，《治安管理处罚法》明确将“尊重和保障人权”作为法律的基本原则之一。

全国公安系统通过多年的执法规范化建设，其行政执法权的规范运行程度有了很大提高。

公安机关的权力具有特殊性，法律授予其实施限制人身自由的强制措施和限制人身自由的行政处罚的权力。在适当的时候，公安机关可以使用警械等工具。这些权力如果不能妥为运用，对人权的危害是比较大的。现实中，公安行政执法与人权保障冲突的现象不少见。如腐败问题、特权行为、滥用权力、违反法定程序、超越权力边界干预民事活动，甚至成为黑恶势力的保护伞。同时，公安行政执法也遇到抗拒，影响到了公安机关保护人权的能力。每年有不少人民警察在执行职务的过程中牺牲、伤残，其人身权受到暴力的威胁。

在城市公共安全维护信息化水平不断提高的背景下，公安机关依托监控系统、人脸识别技术等，发现违法行为、查处违法行为的效率有很大的提高，织就一张严密的防控网。此时，仍应谨慎对待个人隐私权等人身权利的保护问题。

公安部发布《关于深化公安执法规范化建设的意见》，提出全面建设法治公安的目标，进一步细化公安执法标准和指引，完善执法监督管理体系，健全依法决策机制。截至 2017 年上半年，全国公安机关共有 227.02 万人次民警取得基本级执法资格，135.03 万人次民警取得中级执法资格，4.08 万人次民警取得高级执法资格①。

公安机关也加强了责任制度。公安部修订《公安机关执法质量考核评议规定》和《公安机关人民警察执法过错责任追究规定》，建立完善科学合理的执法质量考评机制，健全执法过错纠正和责任追究制度，对实施刑讯逼供、违法使用警械武器等行为的人员严格追究执法责任。②

---

① 国务院新闻办：《中国人权法治化保障的新进展》，人民出版社 2017 年版。
② 国务院新闻办：《中国司法领域人权保障的新进展》，人民出版社 2016 年版。

依法规范运用公安行政执法权，平衡好公共利益维护与个人权利保护，仍然是公安机关履行“尊重和保障人权”的国家义务的重要途径，需要始终坚持。

五、政策层面的人权保障

人权保障政策是指国家、政党为了提高人权保障水平或客观上改变了人权保障状态的规划、计划或公共决策①。在中国，人权保障政策和人权保障法律共同发挥人权保障的制度性作用，二者在功能上具有互补性，内容上互相联系甚至互相转化。人权保障政策主要推动者是政府而不是立法机关，着重积极实现某种权利而不是防范权利被侵犯，更多用于保障公民经济、社会和文化权利。中国通过制定总体性的和专门性的人权保障政策推动一定时期的人权保障工作，或者与法律、法规相配套，或者在不适宜出台法律的情况下“先政策、后法律”，体现了国际人权文件的宗旨、目标和精神，促进了法律在社会生活中的落实，从而更好地保障人权。人权政策保障的具体形式主要有以下几个方面。②

（一）制定和实施国家人权行动计划

国家人权行动计划是1993年联合国大会所倡导的促进各国人权保障的重要措施。1993年维也纳世界人权大会通过了《维也纳宣言和行动纲领》，建议每个成员考虑制定和实施国家行动计划，明确本国为促进和保护人权所应采取的步骤。我国先后于

① 常健、郝亚明：《中国人权保障政策研究》，中国社会科学出版社2016年版，第342页。

② 常健、郝亚明：《中国人权保障政策研究》，中国社会科学出版社2016年版，第1~4页。

2009 年、2012 年、2016 年制定了三期国家人权行动计划。在第一期结束的 2011 年和第二期结束的 2015 年，对行动计划的执行情况进行了评估并公布了评估报告。国家人权行动计划的发布，意味着政府从人权视角来规划自身的工作。

《国家人权行动计划（2016—2020 年）》由国务院新闻办公室和外交部牵头编制，确定了 2016～2020 年尊重、保护和促进人权的目标和任务。行动计划分为导言，经济、社会和文化权利，公民权利和政治权利，特定群体权利，人权教育和研究，人权条约履行和国际交流合作，实施和监督等部分。

该计划肯定了前两期人权行动计划的实施成果，也提出了存在的主要问题，如与人民群众切身利益密切相关的医疗、教育、养老、食品药品安全、收入分配、环境等方面还有一些困难需要解决，人权保障的法治化水平仍需进一步提高。针对这些问题，该计划提出了人权保障的基本原则和阶段性目标。连续不间断地发布国家人权行动计划，为人权保障有计划、持续、稳健、全面推进创造了条件。

我国还制定了专项的人权行动计划。如 2007 年发布的《中国反对拐卖妇女儿童行动计划（2008—2012 年）》、2013 年发布《中国反对拐卖人口行动计划（2013—2020 年）》，有效预防、打击拐卖人口犯罪，积极救助、妥善安置被拐卖受害人，切实维护公民合法利益。2011 年发布《中国妇女发展纲要（2011—2020 年）》《中国儿童发展纲要（2011—2020 年）》等，强调专业性、行业性社会组织和基层群众自治组织在人权保障中的重要作用。

（二）发布指导意见、规定、办法和通知

针对各领域在人权保障方面存在的一些具体问题，国务院、有关部委和各地政府发布专门的指导意见、规定、办法和通知，促进这些问题的解决。

如针对乙肝歧视，原卫生部和原劳动保障部联合发布了《关

于维护乙肝表面抗原携带者的就业权利的意见》，中国共产党中央委员会组织部和原中华人民共和国人事部印发《公务员录用规定（试行）》、原中华人民共和国人事部和原中华人民共和国卫生部共同制定《公务员录用体检通用标准（试行）》修改了公务员录用体检标准中关于乙肝的规定。

又如针对房屋拆迁中存在侵犯公民权利的事件，国务院发布了《关于认真做好城镇房屋拆迁工作维护社会稳定的紧急通知》和《关于控制房屋拆迁规模严格拆迁管理的通知》，原中华人民共和国建设部及时发布《城市房屋拆迁估价指导意见》和《城市房屋拆迁行政裁决工作规程》等。

在一些领域，基本的法律制度还处于改革的进程中，出台法律、法规的时机还不成熟。但是，现实存在的公民的权利诉求又非常迫切，还造成了严重的社会问题。通过渐进的政策推进，在考虑现实经济社会和法律条件下满足人民的需求，是更有效果和策略地改善人权保障的方式。以解决进城务工人员随迁子女受教育权的问题为例（见表3－2）。

表3－2　进城务工人员随迁子女受教育权保护的政策发展过程

时间	政策文件	主要政策思路
1996年 1998年	《城镇流动人口中适龄儿童、少年就学办法》 《流动儿童少年就学暂行办法》	明确流入地政府、流出地政府和监护人责任；就读公办学校和农民子弟学校；允许收借读费
2001年	《中国儿童发展纲要（2001—2010）》	保障流动儿童教育权利，完善流动儿童就学制度，提高教学规划质量
2001年	《国务院关于基础教育改革和发展的决定》（后续同一政策思路的文件有：《教育部关于进一步推进义务教育均衡发展的意见》等多部文件）	流入地政府为主，城市公办中小学为主的“两为主”策略；号召社会力量捐资办学，规范民工子弟学校办学行为

续表

时间	政策文件	主要政策思路
2003 年	《关于进一步做好进城务工就业农民子女义务教育工作的意见》 《关于将农民工管理等有关经费纳入财政预算支出范围的通知》	教育收费：随迁子女的管理和收费与当地户籍人口子女一视同仁； 子女教育经费纳入财政预算支出
2008 年	《国务院关于做好免除城市义务教育阶段学生学杂费工作的通知》	免除随迁子女的学杂费，禁止收取借读费
2010 年	《国家中长期教育改革和发展规划纲要（2010—2020 年）》 《国民经济和社会发展第十二个五年规划纲要》	平等享有义务教育权； 以流入地全日制公办中小学为主，做好与高中阶段教育的衔接
2012 年	《关于做好进城务工人员随迁子女接受义务教育后在当地参加升学考试工作的意见》	各省、自治区、直辖市有条件开放在义务教育接受地参加升学考试：权衡和平衡随迁子女学籍、随迁子女父母就业和缴纳社保以及居住条件、城市承载力

资料来源：根据常健、郝亚明：《中国人权保障政策研究》，中国社会科学出版社 2016 年版，第 92 ~ 94 页整理。

1996 ~ 2012 年，我国逐步建立起“儿童少年随父母在居住地接受平等的义务教育并逐步衔接高中教育的政策”。强调平等地接受义务教育，从收费到免费，从义务教育阶段到高中乃至高等教育阶段，政策对于“受教育权”的人权本质的理解、阐发和落实的程度日益精准和深刻，以务实的精神渐进推进，期待真正做到《义务教育法》“确保每个适龄儿童接受义务教育”的要求。

（三）开展专项行动

专项行动是政府针对一些集中和突出的侵犯人权的问题在一

段时间开展的集中打击和专项行动。

比如针对食品、药品、医用品、化妆品安全问题开展全国食品药品专项整治工作、化妆品专项整治工作、打击非法添加非食用物质和滥用食品添加剂专项整治行动、学校食堂食品安全专项整治行动、打击非法行医专项行动等；比如针对安全生产方面出现的问题，在重点行业和领域开展安全生产隐患排查治理的专项行动；比如针对一些威胁公民人身自由和权利的问题，如枪支、爆炸物管理不善，酒后驾驶，拐卖妇女儿童等开展专项行动；比如针对威胁环境权、侵犯知识产权的问题开展专项行动。

在涉及公民经济、社会和文化权利的领域中，我国政府通过专项行动普及九年义务制教育、改善基本公共服务、扶贫攻坚等，取得了不小的成果。

开展专项行动体现了政府对于社会中涉人权问题的敏感性和回应性，具有“问题导向”的特征。政策动议往往由涉人权问题的公共性事件引发，政府在对事件进行处理之后，着手政策改善和法律优化的工作。比如“长春长生疫苗事件”处理后，引发事后的政策调整和立法改善。从效果来看，即时性效果非常明显。同时，也为发现普遍性问题、完善政策进而改善立法创造条件。

（四）建立保障机制

保障机制是一种常规化的制度设计，主要目的是提高政策执行的能力和效果，使得权利得到稳定的尊重、保护和救济。它包括组织机制、行为机制、技术机制等多种形态。

比如为了更好地维护精神病人的合法权益，防止重症精神病人脱离监护对其他公民造成人身或财产损失，建立了联席会议机制。中华人民共和国国家卫生健康委员会、民政部门、公安机关、中共中央政法委员会、精神卫生中心等都作为联席会议的成员，定期商讨政策、法律执行的问题，提出并落实改进的建议。

又如在维护劳动者取得报酬权方面，督促各用人单位成立工会组织，建立企业、工会和政府三方参加的工资集体协商机制。对拖欠农民工工资、拒不支付农民工工资的问题，建立工资保证金制度和支付监控制度。为了便利公民申诉、建议权的行使，反映民生需求和权益保护诉求，建立依托互联网和电话为技术工具、以网格化中心为组织机制的问题处理快速反应机制。

运用政策治理的方式及时回应社会转型过程中的涉人权问题，是我国人权保障的优势。在人权保障法治化的背景下，政策治理应当与法律治理无缝对接，为人权保障法律的有效实施起到制度准备、细则补充、组织和资源动员以及实施机制跟进的作用。

六、紧急状态与突发事件应对中的人权保障

（一）紧急状态中的人权保障

“紧急状态”是宪法上的概念，我国在2004年宪法修正案中确立了该制度，明确了宣布紧急状态的决定机关和权限、宣布机关和权限等问题。紧急状态是一种非常规的法律状态，该制度实施的前提是出现了威胁到国家生存的紧急情况。这时，有权机关经过法定程序决定行使国家紧急权。我国目前还没有依据宪法宣布紧急状态的情况。

在紧急状态下，国家权力扩大而人权保障标准克减。当然，这种克减不是无限的，《公民权利和政治权利公约》第四条规定：“在社会紧急状态威胁到国家的生命并经正式宣布时，本公约缔约国得采取措施克减其在本公约下所承担的义务，但克减的程度以紧急情势所严格需要者为限，此等措施并不得与它根据国

际法所负有的其他义务相矛盾，且不得包含纯粹基于种族、肤色、性别、语言、宗教或社会出身的理由的歧视。并且，在结束紧急状态后，人权保障标准应当恢复常态”。我国宪法对于紧急状态下的人权保障问题没有作出明确规定。

（二）突发事件应对中的人权保障

中国逐步迈入风险社会，各项公共安全事件频发。政府在应对突发事件的时候，常态的法律制度显然是不够的。我国于2007年出台了《突发事件应对法》，并在2018年启动的党和国家机构改革中，全新组建了应急管理部，负责应急管理的行政管理。

托马斯·杰弗逊曾经说过，“在危机时刻需要的法则，自我维持的法则和拯救国家的法则才是最高职责。过于谨慎和严格地遵守成文法律，将会使法律本身、国家、人民的生命、自由和财产都丧失。”① 为非常态下的政府应急权的行使提供规范，是行政法治的基本任务。

突发事件应对制度中对政府应急行为的规范，从主体、权限和程序等各方面都与常态的行政法制度有不同，但是其对于行政应急权的约束和控制的立意还是清晰的，《突发事件应对法》提出“规范突发事件应对活动”作为立法宗旨之一。

《突发事件应对法》的人权保障的立场也是非常明确的。从理念上来说，法律即使为了应对突发事件对公民的某些权利进行了限制，也应当是为了更好地保障人权。

（1）将人权保障的理念写入法律宗旨。该法第一条将保护人民群众生命财产安全作为重要目的。

（2）体现比例原则的要求。该法规定，政府应对突发事件采取措施的时候，要和突发事件可能造成的社会危害的性质、程

---

① ［美］托马斯·杰弗逊著，朱曾汶译：《杰弗逊选集》，商务印书馆1999年版，第574页。

度和范围相适应。有多种措施可以选择的，应当选择有利于最大限度保护公民权益的措施。

（3）体现限制人权和保障人权的统一。该法规定了征用及其补偿的制度。政府在应对突发事件的时候，可以征用公民的个人财产，这是对财产权的限制。当被征用的财产使用完毕或者应急处置工作结束后，应当及时返还。如果财产有毁损或者灭失的，应当给予补偿。这是对财产权的保护。另外，该法还规定了知情权等各项公民权利。

（4）突发事件处置的政府责任。该法明确规定了各级人民政府在突发事件发生后控制事态发展、组织开展应急救援和处置工作的责任。如果政府及有关部门违法不履行法定职责或者履行法定职责不及时、不妥当的，依法承担相应的法律责任。

不过，我国突发事件应对法律制度对行政应急权的规范、公民权益的保障还是比较原则的。对于公民因为突发事件处置的措施带来的合法权利的损害问题，没有作出明确的规定。应急处置措施的专门程序，规定也不够明晰。在《宪法》和《立法法》中也没有对非常态下人权保障、法律保留做出规定，这是今后制度完善的方向之一。

第四章

人权的司法保障机制

任何书面的人权规定最终都要落实到实践中的人权尊重，对人权的尊重又取决于适当的司法措施[①]。适当司法措施能够被采用，依赖司法权的公正运用，这就需要成立司法机构、建立司法制度和机制、训练司法人员，核心是制定符合现代司法规律和人权保障标准的司法程序制度。党的十八大以来，司法体制改革以实现司法公正和司法权威为目标，系统、有序、迅速地推进前述各个方面的新的措施的落地。2016 年，国务院新闻办发布《中国司法领域人权的新进展》白皮书，全面梳理了四年间司法领域人权保障的成就。如今，新一轮的改革已然展开[②]。

一、人权保障与司法公正

人权的司法保障要求司法公正。司法公正，是指在司法活动的过程中坚持和体现公平与正义的原则。司法活动就是司法机关运用司法权根据法律解决纠纷的官方活动。司法权是一种判断

① 谭世贵：《国际人权公约与中国法制建设》，武汉大学出版社 2007 年版，第 33 页。

② 比如，2019 年 2 月 27 日，《最高人民法院关于深化人民法院司法体制综合配套改革的意见——人民法院第五个五年改革纲要（2019—2023）》正式发布。

权，是重要的国家权力，直接决定或者影响着公民的财产、人身自由甚至生命。

司法公正原则的形成有一个历史过程。最早体现为实体公正，即案件的处理结果是公正的。准确认定案件事实是实现实体公正的关键，具体表现为事实清楚、证据确凿。在此基础之上，法官依法作出判决和裁定，实现案件处理结果的公正。程序公正也逐步发展起来，要求司法程序体现共同的司法准则，比如法律面前人人平等、独立行使审判权、审判公正、裁判有终结性、说理性等[①]。

实体的公正，在一定程度上意味着司法对于公民基本权利与自由等实体权利的保障到位。实体公正性与程序的公正性密切关联。从当事人权利视角来看，司法程序制度赋予了当事人诉讼权及其相关权利，并逐步确立起系统的保护诉权的程序制度，从而实现程序公正和实体公正。

（一）作为人权的诉讼权

诉讼权是指公民为解决争议依法进行诉讼活动，要求国家司法机关予以保护和救济的自由度[②]。其主要内容包括三个方面：一是公民享有提起诉讼的权利，以诉讼方式解决自己与他人、社会组织及国家之间的利益冲突，维护自身合法利益的权利；二是公民在诉讼过程中享有的有关程序权利；三是公民享有获得司法机关平等对待的权利。在我国宪法和法律文件中，诉讼权的涵盖方面非常广，有一百多种[③]。其中比较重要的，有起诉权、辩论权、委托代理权、反诉权、获得公平审判权、申诉权等。对于刑

① 杨宇冠：《完善人权司法保障制度研究》，中国人民公安大学出版社 2016 年版，第 25 页。

② 林喆：《公民基本人权法律制度研究》，北京大学出版社 2006 年版，第 88 页。

③ 林喆：《公民基本人权法律制度研究》，北京大学出版社 2006 年版，第 89 页。

事案件的当事人，比如犯罪嫌疑人、刑事被告人、刑事被害人、被羁押人等，《刑事诉讼法》等规定了特别的制度保护这些当事人的人权。

诉讼权是公民的一项基本权利，是一种保障实体权利的权利，它源自程序法，发生在诉讼行为开始后。公民的实体权利在受到侵犯时能够通过诉讼程序求助于司法权力救济以得到相应的补偿。另外，侵犯公民权利者能够在司法程序中受到平等而公正的对待。

普遍确立诉讼权是人类文明进步的重要表征。国际人权公约也不仅将诉讼权视为一种救济权，还将其确认为每一个人所应享有的基本权利①。《世界人权宣言》第八条规定，人人于其宪法或法律所赋予之基本权利被侵害时，有权享受国家管辖法庭之有效救济。在第十条规定了获得公正审判的权利：人人于其权利与义务受判定时及被刑事控告时，有权受独立无私法庭之绝对平等不偏且公开之庭审。

生命权和人身自由权是国际人权公约程序保障的重点。生命权的程序保障表现在，未经合格法庭最后判决，不得执行死刑刑罚；任何被判处死刑的人应有权要求赦免或减刑，对一切判处死刑的案件均得给予大赦、特赦或减刑。禁止酷刑或施以残忍的、不人道的或侮辱性的待遇或刑罚。人身自由和安全的程序保障表现在，任何人不得加以任意逮捕或拘禁，除非依照法律所规定的根据和程序，任何人不得被剥夺自由。所有被剥夺自由的人应给予人道或尊重人格尊严的待遇②。

国际人权公约还提出，司法裁判机构有义务为刑事被追诉者提供最低限度的保障，其中包括：迅速被告知指控的性质和原

---

① 林喆：《公民基本人权法律制度研究》，北京大学出版社 2006 年版，第 90 页。

② 樊崇义、张建伟：《WTO 与刑事诉讼法律制度的改革》，载于《政法论坛》2002 年第 2 期。

因；受审时间不被无故拖延；在法庭上有权在同等条件下讯问对他不利的和有利的证人；免费获得译员的援助；凡被判定有罪者，应有权由一个较高级法庭对其定罪及刑罚依法进行复审。受刑事指控的人有辩护的权利。对未成年人给予特别保障①。

保障诉讼权要求司法的权威和公正。在权力配置上，司法机关独立行使司法权。国家设立的司法机关以中立的裁判者的角色，不受其他机关、组织和个人的干涉，不受权力、舆论的不当影响，公正地处理、解决各种社会纠纷。在诉讼制度方面，有效支持公民的诉讼权。比如，放宽可诉范围和起诉条件，确保诉讼费的支付能力，提供司法救助和法律援助，遴选高素质的司法人员，建立监督监察制度等。

（二）人权保障的诉讼方式

公民的诉讼权只能在诉讼的过程中得以实现，诉讼法以诉讼程序制度明确诉讼参与各方的平等地位，界定各诉讼当事人和参与人的诉讼权的形态、内容，以及行使的范围、方式和程序。

诉讼法作为与人的基本权利关系极为密切的法律，充分体现了保障人民的政治参与权、保障人民的生命和自由等价值理念。保障自由，是诉讼法制的重要课题②。诉讼法制应具有公正品格，且能够被从事司法活动的人员严格遵守和正确运用，在实践中得到充分体现。我国建立了刑事诉讼、民事诉讼和行政诉讼三大诉讼程序制度，保证权利或自由被侵犯的人，能得到有效的补救。

1. 刑事诉讼的人权保障价值

刑事诉讼是司法机关在当事人及其他诉讼参与人的参加下，依法查明犯罪事实、正确适用法律，对犯罪嫌疑人定罪量刑的司

---

①② 樊崇义、张建伟：《WTO 与刑事诉讼法律制度的改革》，载于《政法论坛》2002 年第 2 期。

法程序过程。

学界对刑事诉讼人权保障的价值有不同理解。归纳起来，有三种不同层次的理解：第一层次是在终极意义上，刑事诉讼对于全社会所有公民的人权保障；第二层次在实体意义上，刑事诉讼通过惩戒犯罪行为对刑事被害人等实体权利的保障；第三层次是对犯罪嫌疑人、刑事被告人、被羁押人等被追诉者的刑事诉讼权利的保障①。在我国，使法律的规定既能够实现对具体的犯罪的惩罚，又符合保护个人权利的根本目的，是人们普遍关心的问题。从我国刑事诉讼立法和司法实践来看，早期更关注查明犯罪、惩罚罪犯的社会保障和特定被害人实体权利保障的价值，偏重于追究犯罪、惩罚犯罪，对保障人权重视不够。随着国家政治民主和社会文明程度的逐步提高，人权保障受到重视，加强对人权保障的力度已经成为诉讼立法的宗旨之一，查明犯罪与犯罪嫌疑人、刑事被告人、被羁押人等被追诉者人权保障两种价值相协调、相均衡，而晚近的立法修订则更偏重对于后者的人权保障的制度改进。

具体来说，我国《刑事诉讼法》制定于1979年，其人权保障的首要表现是以程序对司法机关的权力进行的规范。在立法宗旨上，“惩罚犯罪、保护人民、保障国家安全和社会公共安全、维护社会主义秩序”的表述非常明确了其对社会保障功能的强调。1996年《刑事诉讼法》作了较大幅度的修改，吸收了无罪推定和对抗制的合理因素。刑事诉讼法律强化了对犯罪嫌疑人、被告人以及被害人权利的保障，确立了未经人民法院依法判决不得确定有罪的原则，将律师参加诉讼活动的时间提前到侦查阶段，对庭审方式作出重大修改，强化控辩双方的作用，发挥合议庭在审判中的决定作用等。2012年修改《刑事诉讼法》将“尊

① 林劲松、毕惠：《语义与语境：刑事诉讼中的人权保障》，载于《浙江社会科学》2005年第5期。

重和保障人权”写入第二条“法律任务”中，并增加了包括不强迫自证其罪、非法证据排除等更多保障被追诉者人权保障的内容[①]。2018年《刑事诉讼法》再次修正，吸纳了司法改革的成果，写入刑事速裁程序、认罪认罚从宽制度，改善了辩护律师介入侦查阶段的条件等。对于被追诉者的诉权的保护是现代司法准则在人权保障方面的重要进展。刑事诉讼法律制度的现代性表现为刑事司法更加重视个人自由的价值，在刑事诉讼法中这一主题被突出地加以强调，因为这个领域更容易发生侵犯公民基本自由的暴行。

在刑事诉讼中，要求从程序上赋予被追诉者与国家追诉机构相抗衡的能力和机会，使其有效抵御国家权力的不当侵犯。这需要由刑事诉讼法承担起在法律上加以保障的职责。刑事诉讼法并不限于维护秩序、惩罚犯罪这一单一功能，它发挥着保障人权的独立作用。通过对犯罪人的及时惩处保护公民的人身、财产、生命等合法权利，在打击犯罪的同时保障无罪的人不受刑事追诉，这只是权利保障的一个方面；更为重要的是，公民的财产乃至生命等权利不仅可能受到犯罪行为的侵害，也可能因为国家权力的滥用而遭受损害。这就需要刑事诉讼法等法律承担起限制和规范国家权力的作用。刑事诉讼法是以刑事诉讼的主体及其职权的配置和范围，或者其诉讼权利的赋予、诉讼义务的设定，以及刑事诉讼的活动的原则、规则、程序等为内容的，这些内容的设定有两大功能：一是保障查明案件的事实真相，使犯罪人受到应有的惩罚，并保障无罪的人不受刑事追究，它体现了国家维护安全和秩序的意志；二是保障涉讼的公民个人的人身权利、财产权利以及其他权利不受来自国家权力的恣意侵犯，保证对上述权利的限制和剥夺维持在程序正当的范围内，它所体现的是对人及其存在

① 杨宇冠：《完善人权司法保障制度研究》，中国人民公安大学出版社2016年版，第31页。

的尊严的尊重①。

2. 民事诉讼的人权保障价值

民事诉讼是法院受理当事人保护民事权利的诉讼请求，审理解决民事纠纷的司法活动过程。当事人和其他诉讼参加人依法参与民事诉讼，行使民事诉讼权利。公民基于民事、商事、知识产权法律以及消费者权益保护法等经济法律所享有的人身权、财产权、知识产权等权利，以及基于劳动合同法律所享有的相对于用人单位的劳动权益，比如取得报酬权等，在我国均可以通过提起民事诉讼获得司法救济。

在诉权的平等保护方面，民事诉讼当事人双方平等地享有诉讼权利，比刑事诉讼当事人更明显也更易获得。因为民事诉讼的当事人需要法院裁判的民事实体权利和义务的归属，其前提是双方平等民事主体地位的确认和平等民事关系的存在。当然，这并不意味着平等保护诉权就可以自然地实现。法院有责任在民事诉讼中，为双方当事人提供同样的、便利的机会和条件提供证据、表达意见。

改革开放以后，我国于 1982 年初步建立民事诉讼制度，制定通过了《民事诉讼法（试行)》。1991 年《民事诉讼法》正式出台，历经 2007 年、2012 年、2017 年三次修正，逐步建立起法治、平等、便民的民事诉讼制度。新民事诉讼法对行为保全做出规定，为人身保护裁定提供了明确的法律依据。从司法实践的情况来看，民事诉讼对于公民各项基本权利的保障的进展是比较显著的。根据最高人民法院 2018 年度工作报告，2013 ~ 2017 年，各级法院审结一审民事案件 3 139. 7 万件，同比上升 54. 1% 。在人民群众比心关系和利益密切的领域，比如劳动争议、食品药品纠纷、消费者权益保护、征地补偿、特殊群体保护等，人民法院

① 樊崇义、张建伟：《WTO 与刑事诉讼法律制度的改革》，载于《政法论坛》2002 年第 2 期。

着力笔墨。审结相关劳动争议、食品药品纠纷、消费者权益保护等案件 232.5 万件。明确工伤认定标准，依法惩处恶意欠薪行为，为农民工追回“血汗钱”294.4 亿元。妥善审理涉及承包地“三权分置”、征地补偿等案件 126.1 万件。依法为老年人追索赡养费，审结相关案件 12.6 万件[①]。

3. 行政诉讼的人权保障价值

行政诉讼，俗称“民告官”，人民法院依法受理公民以行政机关等行政主体为被告的，保护其人身权、财产权和其他合法权益的诉讼请求，并依法审理、做出裁判的司法活动。从全球来看，大陆法系和英美法系国家各自发展出了司法对行政控制的程序制度。在法国、德国等国家，独立的行政法院系统受理行政案件，英国以及美国由普通法院进行“司法审查”（Judicial Review），受理针对行政部门的起诉，保持对行政权的警惕。

司法权通过处理个别行政诉讼案件，为公民提供行政诉讼救济的机会并保障其诉讼权利，对行政权的违法或者滥用的行为进行监督和纠正，从而纠正公民因为行政权力违法或不当行使带来的权利受损的后果，这是行政诉讼在人权保障方面的核心价值。

我国行政诉讼制度起步较晚，《行政诉讼法》于 1989 年出台，1990 年开始正式实施。在此之前，出现了一些以行政机关为被告的案件，是依据民事诉讼法审理的。该法的出台，在我国行政权力既强大又不规范、缺乏有效实现机制的背景下，起到了维护公民人权和推动行政权制度化建构的双重效用。

2014 年 11 月，《行政诉讼法》做了一次比较大的修改，吸纳了 20 多年行政诉讼审判实践的经验，拓展了受案范围，增加了行政负责人出庭应诉制度等多方面内容。明确规定人民法院依法受理行政案件，行政机关不得干预、阻碍。人民法院在审理行政案件中，可以对国务院部门和地方人民政府及其部门制定的规

① 《最高人民法院工作报告》（2018 年）。

范性文件进行审查，经审查认为规范性文件不合法的，不作为认定行政行为合法性的依据，并向制定机关提出处理建议。明确规定复议机关决定维持原行政行为的，复议机关和作出原行政行为的机关是共同被告。明确规定行政机关负责人应当出庭应诉。完善促进行政机关履行生效判决的措施，对于行政机关拒绝履行判决、裁定、调解书的，人民法院可以对行政机关负责人、直接负责的主管人员和其他直接责任人员依法采取罚款、拘留等措施。2017 年 6 月修订增设了检察机关提起公益行政诉讼的内容。

新《行政诉讼法》施行以来，在缓解“起诉难”“立案难”“审判难”“胜诉难”等痼疾方面有了较大改进[①]。这与立案登记制施行、行政诉讼管辖、审判机制的改革也有很大的关系。2013 ~ 2017 年，各级法院审结一审行政案件 91.3 万件，同比上升 46.2%。人民法院配合推进行政机关负责人出庭应诉等工作，坚持依法裁判和协调化解并重，促进行政争议实质性解决[②]。行政机关负责人出庭应诉提高了行政诉讼双方当事人平等和有效沟通的水平，公民实体权益诉求的实现得到了更多的关注。

（三）作为诉讼人权保障的基本原则

1. 平等原则

即法律面前人人平等。诉讼过程是法律适用的过程，其平等原则表现为诉讼权的平等保护。在法庭面前，所有的当事人和诉讼参与人一律平等。平等原则体现在诉讼的方方面面。比如为当事人提供免费翻译包括手语翻译等，对于实现平等权就非常有意义。

---

① 何海波：《从全国数据看新〈行政诉讼法〉实施成效》，载于《中国法律评论》2016 年第 3 期。

② 《最高人民法院工作报告》（2018 年）。

在我国三大诉讼法律制度中，对于平等原则的表述并不相同，体现出不同的立法旨趣。《刑事诉讼法》第六条规定，对于一切公民，在适用法律上一律平等，在法律面前，不允许有任何特权。该法强调在司法机关面前，所有公民的平等权，特别属意对“特权”的警醒。该法没有强调承担公诉权的人民检察院与刑事诉讼当事人之间在诉讼过程中的平等性，而是更强调其法治性的要求，即“以事实为根据、以法律为准绳”。体现出我国刑事诉讼“职权主义”而非“对抗主义”的特征。《民事诉讼法》第八条则明确规定了当事人平等的权利：民事诉讼当事人有平等的诉讼权利。人民法院审理民事案件，应当保障和便利当事人行使诉讼权利，对当事人在适用法律上一律平等。民事诉讼当事人在诉讼权利方面的平等表现为双方当事人均享有诉权，并且在举证、委托代理、出庭应诉、上诉等各方面的权利都是平等甚至是对等的。《行政诉讼法》对平等原则的表述是“当事人在行政诉讼中的法律地位平等”。在行政诉讼中，当事人的诉讼权利在很多方面是不平等也不对等的。比如，被告没有反诉的权利，被告负举证责任等。因为在引发诉讼的行政法律关系中，公民与行政机关之间通常是不平等的管理和被管理的关系（即使是平等签订的行政协议，行政机关也享有一定的优先权），对于权利和利益的影响是单方面针对公民的。这与民事诉讼有很大的不同。同时，也正是因为实体上地位和关系的不平等性，在行政诉讼中为了保证案件公正审理，强调双方当事人法律地位的平等性，并要求行政机关承担更多的诉讼义务。

2. 司法公开

司法公开是指司法机关依法主动公开司法活动的相关信息，保障诉讼当事人和公众的知情权，对司法权力的运行进行“再造”，防治司法腐败和司法不公的行为。习近平总书记提出，要让人民群众在每一个司法案件中感受到公平和正义，公开的司法是提升公平正义感受度的起点。党的十八大以来我国推行前所未有的司法公开举措，有人称为是“对世界人权事业的伟大贡献”[①]。

在我国宪法、诉讼法律制度和组织法等法律中，明确规定了审判公开等作为司法权运行的基本原则。司法公开包括审判公开、检务公开、警务公开、狱务公开等。公开的内容主要有执法司法依据、程序、流程、结果和生效法律文书等。党的十八届四中全会提出了司法公开的总体要求：“构建开放、动态、透明、便民的阳光司法机制。”

司法知情权是司法公开的权源，其性质属于基本人权[②]，也是公民参政议政的政治权利。诉讼当事人和社会公众有权对司法机关持有、保存的，与其行使权利有关的一切信息均有知晓的权利。司法公开制度对于保障公民司法知情权的实现具有重要的效能[③]。

自2013年11月起，最高人民法院开始建设审判流程公开、裁判文书公开、执行信息公开三大平台，后来增加了庭审活动公开平台。2014年10月，最高人民检察院开通检察院案件信息发布平台，建设包括案件程序性信息查询平台、法律文书公开平台、重要案件信息发布平台、辩护与代理预约申请平台四大平台在内的全国检察机关统一的案件信息公开系统。《关于进一步深化狱务公开的意见》发布，依法公开罪犯减刑、假释提请建议和暂予监外执行决定。另外，司法机关通过庭审公开（包括直播庭审）、新闻发布会以及“两微一端”等方式，推进司法公开的信息化、电子化和数据化（见图4－1）。2016年1月，“快播案”庭审以总时长达到20余个小时的互联网视频直播引来大量围观，引发巨大社会反响。截至2018年11月，中国庭审公开网直播的

---

① 高一飞：《司法公开是中国对世界人权事业的伟大贡献》，载于《人民法治》2016年第11期。

② 沈定成、孙永军：《司法公开的权源、基础及形式——基于知情权的视角》，载于《江西社会科学》2017年第2期。

③ 李娜：《知情权与司法公开的法治化》，载于《学术探索》2016年第8期。

庭审已超过200万场，总访问量超过130亿次。中国裁判文书网文书总量突破5 500万份，访问量突破200亿次①。

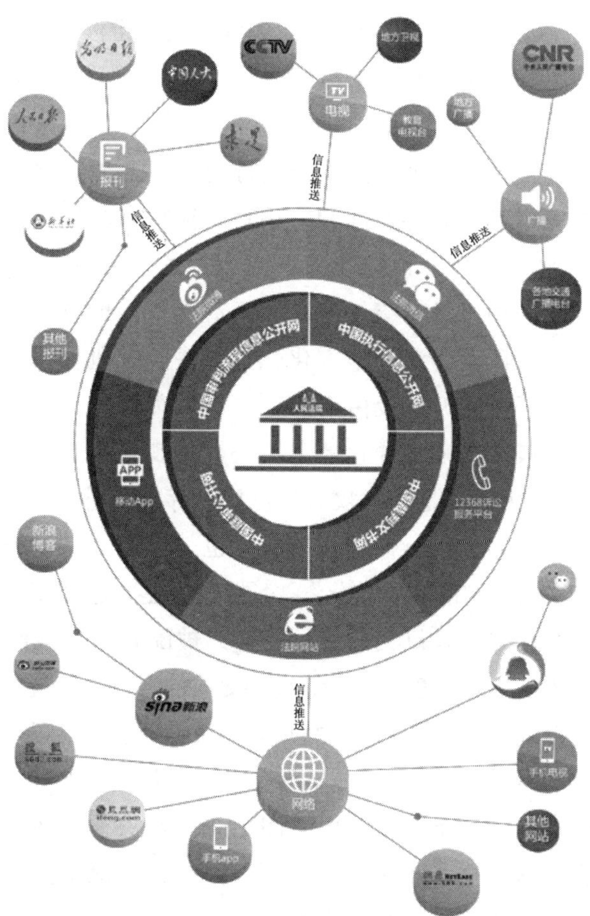

图4－1　人民法院司法公开平台总体示意

资料来源：《最高人民法院关于深化司法公开、促进司法公正情况的报告》，人民法院网，2016年11月18日，https：//www. chinacourt. org/article/detail/2016/11/id/2338279. shtml。

---

① 乔文心：《司法公开：阳光下正义触手可及》，人民法院网，2018年12月18日，https：//www. chinacourt. org/index. php/article/detail/2018/12/id/3613298. shtml。

3. 审判权检察权依法独立公正行使

司法裁判机构的独立和公正，是保证判断权客观公正的基本前提。我国诉讼法和组织法规定，法院独立行使审判权，人民检察院独立行使检察权，不受其他组织和个人的干涉。但是从实际案件的受理、审判及执行看，法院审判往往受到许多方面的干预和影响，严重损害司法公正和司法权威。

审判权、检察权难以独立公正行使的主要原因之一是司法职权配置等审判体制存在问题，法官、检察官难以具备足够的抵御外来的不正当干预的能力。比如司法体制的“地方化”，司法权在实践中不具有统一性，从而不具备同地方权力核心相制约的力量。所谓司法的地方化，是指法院在机构设置、经费来源、法官任免晋升以及由谁产生、对谁负责等方面受到地方权力因素的较大影响，导致地方司法机关丧失中立、公正的立场①。主要原因之二是司法权力运行机制存在问题，法官、检察官难以依法独立公正行使司法职权，也就难以对其所办案件负责。比如司法体制的“行政化”，审判机关建立起严格的法官统属结构，法官与行政机关的官员一样，被配置在层级结构中②。司法行政化是具有行政特征的等级制促成的，也是法院内部案件审理和裁判行政化的结果，法官可以通过向庭长、院长汇报和将案件交付审判委员会讨论决定而分散甚至推卸责任③。

党的十八大和十八届三中、四中全会对深化司法体制改革作出重大部署，进一步优化司法职权配置，确保审判权和检察权依法独立公正行使。2014 年以来，完善司法责任制、完善司法人员分类管理制度、健全司法职业保障制度、推进省以下地方法院检察院人财物省级统一管理四项改革逐步在全国推开试

---

① 马怀德、王亦白：《透视中国的行政审判体制：问题与改革》，载于《求是学刊》2002 年第 3 期。

②③ 张建伟：《尊重司法规律性　祛除司法行政化》，中国法院网，2017 年 7 月 14 日，https://www.chinacourt.org/article/detail/2017/07/id/2921414.shtml。

点，权责明晰、权责统一、监管有效、保障有力的司法权运行机制不断完善。

（1）逐步建立健全司法责任制，法官、检察官办案主体地位更加凸显。

让审理者裁判，由裁判者负责，逐步完善主审法官责任制、合议庭办案责任制和检察官办案责任制，明确法官、检察官办案的权力和责任，在其职责范围内对所办案件质量终身负责，严格错案责任追究。改革裁判文书签署机制，明确除审判委员会讨论决定的案件以外，法院院长、副院长、庭长对其未直接参加审理案件的裁判文书不再进行审核签发。明确法院院长、庭长除参加审判委员会、专业法官会议外，不得对其没有参加审理的案件发表倾向性意见，不得直接否定独任法官、合议庭意见。改革审判委员会制度，审判委员会评议实行录音、录像，全程留痕，所有参加讨论和表决的委员应当在审判委员会会议记录上签名，并建立审判委员会履职考评和内部公示机制。上海市试点法院直接由独任法官、合议庭裁判的案件比例达 99. 9%，提交审判委员会讨论的案件只有 0. 1%[①]。

（2）健全司法人员分类管理制度，全面推开员额制改革。

亚历山大·汉密尔顿认为，社会上，有足够的法律知识并适合做法官的只能是少数人。……能真正把廉政与知识结合起来的人可能更少[②]。司法官由那些具有较强的公民意识和正义感、受过专门的法律训练并具有深厚的法庭经验、经过精心挑选的少数出类拔萃的人来担任[③]。司法人员分类管理，推行法官检察官员额制。全国法官人数从 19. 88 万人精减到 12 万人，检察官人数从 15. 8 万人精减到 8. 6 万人，司法人员正规化、专业化、职业

---

① 国务院新闻办：《中国司法领域人权保障的新进展》，人民出版社 2016 年版。

②③ 转引自邹文海：《各国政府与政治》，国立编译馆 1980 年版，第 195 页。

化水平进一步提升[①]。同时，建立符合司法人员职业特点的职业保障制度。

（3）健全司法人员依法履职保护机制。

明确法官、检察官依法办理案件不受行政机关、社会团体和个人的干涉，推动省以下地方法院、检察院人财物省级统管，设立最高人民法院巡回法庭和跨行政区划法院、检察院，推进行政案件跨行政区划集中管辖。

国家有关部门发布《领导干部干预司法活动、插手具体案件处理的记录、通报和责任追究规定》和《司法机关内部人员过问案件的记录和责任追究规定》。各级法院的案件信息管理系统设立内外部人员过问案件信息录入专库，对领导干部干预司法活动和司法机关内部人员过问案件的情况，全面、如实、及时进行记录。2015 年 11 月 6 日和 2016 年 2 月 1 日，12 起领导干部干预司法活动、插手具体案件和司法机关内部人员违反规定过问案件的典型案例被先后公开通报，相关责任人被依法依规处理。

（四）我国司法领域对公民基本权利和自由的保障的新进展

党的十八大以来，“司法人权保障机制”改革成为司法改革的重要内容。各方面制度的完善，有力地提高了我国司法权对公民基本权利和自由的保障水平。2016 年 9 月，国务院新闻办发布《中国司法领域人权保障的新进展》白皮书。2017 年 12 月，又发布了《中国人权保障法治化的新进展》白皮书。两份白皮书对于十八大以来中国人权司法保障的主要新进展做了梳理和发布。在公民生命财产权利、民生权利等合法权益方面，进展表现在依法惩治违法犯罪，公正审理民事、行政案件，强化生效裁判执行，完善社区矫正、国家赔偿和法律援助

① 国务院新闻办：《中国人权法治化保障的新进展》，人民出版社 2017 年版。

制度等诸多方面①。

1. 依法办理各类刑事案件

重点惩治暴力恐怖、严重暴力、黑恶势力、涉枪涉爆、食药安全、制贩毒品等犯罪。公安机关先后开展打击暴力恐怖活动、打黑除恶、打击整治非法调查和非法买卖公民信息、打击电信诈骗犯罪和利用“伪基站”违法犯罪等专项行动。最高人民检察院与公安部、原国家食品药品监督管理总局共同制定食品药品行政执法与刑事司法衔接工作办法，2015 年各级检察机关共建议食品药品监管部门移送涉嫌犯罪案件 1 646 件，监督公安机关立案 877 件。完善检察机关同步介入生产安全事故调查处理机制，2015 年共起诉重大责任事故犯罪 2 199 人，查处事故所涉职务犯罪 823 人。天津港“8・12”特别重大火灾爆炸事故发生后，检察机关迅速介入调查，分别以涉嫌玩忽职守罪、滥用职权罪、受贿罪，对 25 人立案侦查。2012～2015 年，各级法院审结各类一审刑事案件 406.26 万件。依法审理云南昆明“3・01”暴恐案、北京“10・28”暴恐案等暴力恐怖犯罪案件，审结黑社会性质组织犯罪案件 2 070 件，审结杀人、抢劫、绑架、强奸等犯罪案件 105.05 万件，审结毒品犯罪案件 41.73 万件。

2. 打拐专项行动推进反对拐卖妇女儿童工作

坚持不懈预防、打击拐卖妇女和儿童犯罪，落实《中国反对拐卖人口行动计划（2013—2020 年）》，解救拐卖犯罪被害人。《刑法修正案（九）》对收买被拐卖妇女和儿童的行为，加大了处罚力度。公安机关深入推进打拐专项行动，完善工作机制，县（市、区）公安机关主要领导或主管领导担任拐卖儿童案件专案组长，全程负责；在全国实行儿童失踪快速查找机制，充分调动

① 以下数据分别来自《中国司法领域人权保障的新进展》（2016 年 9 月），国务院新闻办发布。《中国人权保障法治化的新进展》（2017 年 12 月），国务院新闻办发布。

警务资源快速查找失踪儿童；开展全国来历不明儿童集中摸排行动，对疑似被拐卖儿童采集DNA信息后，录入全国打拐DNA信息库比对。截至2015年，全国打拐DNA信息库已为4 100多名被拐卖儿童找到亲生父母。公安部打拐办开通微博，普及防拐知识，推动全社会提高防拐反拐意识，支持参与打拐工作。拐卖妇女儿童犯罪得到有效遏制，案件数量自2013年起逐年下降。各级法院2015年审结的拐卖妇女儿童犯罪案件数量比2010年下降了55.55%。

3. 依法审理环境资源案件

2014年6月，最高人民法院设立环境资源审判庭。截至2015年，全国共有24个省（自治区、直辖市）的法院设立环境资源审判庭、合议庭、巡回法庭，共计456个。2012～2015年，各级法院共审结各类涉及资源、环境案件49.55万件。2013～2015年，最高人民法院先后4次共计发布33起环境资源典型案例，保障环境资源法律的全面、正确、统一施行，推动生态环境司法治理。

4. 强化生效裁判执行工作有效破解“执行难”

建立并运行覆盖全国法院的执行指挥系统和网络执行查控系统，健全联合信用惩戒体系，出台网络司法拍卖等涉执行司法解释和规范文件，案件执行质效显著提升。最高人民法院修改《关于限制被执行人高消费的若干规定》，全面限制失信被执行人非生活或经营必需的消费，建立全社会失信惩戒联动机制。发布《关于加快推进失信被执行人信用监督、警示和惩戒机制建设的意见》，规定37项惩治“老赖”措施。完善包括先予执行在内的执行工作机制，切实有效缓解当事人困难。开展涉民生案件专项集中执行活动，着重执行涉及人民群众生存生活的追索劳动报酬、农民工工资、赡养费、抚养费等9类案件。2016年，全国法院共受理执行案件614.9万件，执结507.9万件，同比上升均超过三成；执行到位金额1.5万亿元，同比增加五成以上。截至

2018 年底，全国法院累计发布失信被执行人名单 1 277 万人次，限制购买飞机票 1 746 万人次，限制购买高铁动车票 547 万人次，限制失信被执行人担任企业法定代表人及高管 29 万人次①。

5. 实施反家庭暴力法保障家庭暴力受害人人身权利

2015 年 12 月，全国人民代表大会常务委员会通过《反家庭暴力法》，规定对家庭暴力行为根据情节轻重对加害人出具告诫书、给予治安管理处罚或追究刑事责任等，并首次设立人身安全保护令制度，切实保障家庭暴力受害人特别是未成年人、老年人、残疾人、孕期和哺乳期妇女的合法权益。

最高人民法院、最高人民检察院、公安部、司法部联合发布《关于依法办理家庭暴力犯罪案件的意见》，加强司法对家庭暴力的及时干预。2014 ~ 2015 年，最高人民法院先后公布 15 起涉家庭暴力典型案例，为进一步保障妇女、未成年人、老年人合法权益提供司法指导。广州市越秀区人民法院审理林某某申请人身安全保护案，依法出具人身安全保护令，禁止被申请人余某对妻子林某某及其家人施暴，禁止余某利用骚扰、跟踪等手段妨碍林某某及其家人的正常生活，禁止余某在林某某居住区 200 米范围内活动，有效保障了申请人的人身安全。自法律实施时起至 2017 年，发出人身安全保护令 2 154 份，在施暴者和受害者之间筑起“隔离墙”，切实维护妇女、儿童、老年人、残疾人的人身安全和人格尊严②。

6. 加强未成年人生命健康权的保护

依法惩处侵犯未成年人违法犯罪，强化未成年人权利保障。2013 年，最高人民法院、最高人民检察院、公安部、司法部联合发布《关于依法惩治性侵害未成年人犯罪的意见》，突出了对

---

① 《2018 年失信黑名单年度分析报告发布》，中国政府网，2019 年 2 月 19 日，http：//www. gov. cn/fuwu/2019 - 02/19/content_5366674. htm。

② 《最高人民法院工作报告》（2018 年）。

未成年被害人的权益保护和对性侵害犯罪分子的依法严惩。2014年10月，最高人民法院、最高人民检察院、公安部、民政部联合发布《关于依法处理监护人侵害未成年人权益行为若干问题的意见》，对实施性侵害、暴力、虐待、遗弃未成年人的父母或其他监护人，依法撤销其监护人资格。2013~2015年，各级人民法院共审结猥亵儿童犯罪案件7 610件，判处6 620人；审结虐待罪刑事案件224件。公安机关加强校园及周边治安环境整治，有效维护校园安全。全国共设立校园周边警务室和治安岗亭17万个，设立“护学岗”26万个，每日巡逻力量达30万人次。各地校园配备保安员70万名、防护装备120万件，安装技防设备68万套。

二、公诉权与起诉权的保障

在我国，刑事案件主要由检察机关提起公诉，少数刑事案件由刑事被害人亲自提起刑事诉讼。行政案件和民事案件的诉权属于与案件有直接利害关系的公民，但是在特定条件下，权利人的近亲属也享有诉权。对于特定损害公共利益的行为，法定机关和有关组织以及检察机关还享有公益诉讼起诉权。检察机关提起公诉，公民提起民事和行政诉讼，要求符合诉讼法规定的条件和程序。检察机关代表国家提起公诉，履行刑事司法职能。公民提起民事和行政诉讼的条件，一般来说，一是原告与本案有利害关系，二是有明确的被告，三是有具体的诉讼请求和事实、理由。同时，受案范围制度对起诉权有约束作用。

（一）公益诉讼起诉权的保障

所谓公益诉讼，依照我国民事诉讼法和行政诉讼法的规定，包括民事公益诉讼和行政公益诉讼两类。一般诉讼涉及公民的个人权利和自由，公益诉讼是为了保护公共利益。但是，并不是所有的公共利益被侵犯都属于可以提起公益诉讼的范畴。从我国现行法律规定来看，可以提起公益诉讼的侵犯社会公共利益的行为，主要是对公民的个人权利没有直接的损害却有间接的损害，或者直接的损害难以计算并可能难以获得人民法院支持的情形。

在民事公益诉讼当中，享有起诉权的主体及其可以提起民事公益诉讼的情形：一是法律规定的机关和有关组织，对污染环境、侵害众多消费者合法权益等损害社会公共利益的行为可以提起诉讼；二是人民检察院，在履行职责中发现破坏生态环境和资源保护、食品药品安全领域侵害众多消费者合法权益等损害社会公共利益的行为，在没有前款规定的机关和组织或者前款规定的机关和组织不提起诉讼的情况下，可以提起诉讼。法律规定的机关或者组织提起诉讼的，人民检察院可以支持起诉。（《民事诉讼法》第五十五条）

在行政公益诉讼当中，人民检察院有权提起行政公益诉讼。其可以提起诉讼的情形是，其在履行职责中发现生态环境和资源保护、食品药品安全、国有财产保护、国有土地使用权出让等领域负有监督管理职责的行政机关违法行使职权或者不作为，致使国家利益或者社会公共利益受到侵害的，应当向行政机关提出检察建议，督促其依法履行职责。行政机关不依法履行职责的，人民检察院依法向人民法院提起诉讼。（《行政诉讼法》第二十五条第四款）

综上对制度规定的讨论，对于人权保障来说，公益诉讼对于公民的生存权、发展权等集体人权有直接的保障作用，对于环境权以及人身安全权等个人权益有间接的保障作用。2015 年 7 月 1 日，由上海市消费者权益保护委员会（以下简称上海消保委）提起的一起公益诉讼案正式被法院受理。这次公益诉讼分别以广东欧珀（OPPO）移动通信有限公司和天津三星通信技术有限公司为被告，诉讼理由是这些手机厂商侵害了消费者的合法权益[①]。

我国环境公益诉讼在环保法中率先建立，但是一直发展不愠不火，对于环境权的保护效果不彰。自 2012 年民事诉讼法修改以及 2017 年检察公益诉讼制度正式建立，环境公益诉讼案例逐渐增多。2015 年 1 月 1 日至 2016 年 12 月 31 日，全国法院受理环境公益诉讼案件共 196 件，审结 84 件[②]。

（二）行政诉权与行政诉讼的受案范围制度

公民提起行政诉讼，其诉权实现遭遇的首要问题是“立案难”。这个现象长期存在涉及复杂的原因，行政诉讼法中对受案范围的规定及其理解与适用是其中之一。

行政案件的受案范围，就是人民法院受理行政案件的范围。1989 年《行政诉讼法》第一章第二条和第二章“受案范围”第十一条和第十二条共同明确了人民法院受理行政案件的范围。根据这些规定，一般认为，凡行政机关直接影响公民人身权、财产权的所有外部行政行为，均在受案范围之列[③]。这一规定囊括了大多数的具体行政行为，为法院受理案件提供了法律依据。

但是在实践中，越来越多的公民起诉开始挑战《行政诉讼法》的简单规定。1991 年最高人民法院出台司法解释，具体阐释“具体行政行为”的含义，并将对劳动教养、收容审查、计划生育处罚、行政赔偿裁决、强制补偿决定等纳入法院的受案范围。在 2000 年最高人民法院再次出台司法解释，对受案范围进行了新的诠释，立足于《行政诉讼法》尽可能扩大了受案范围，摒弃了具体行政行为的概念，改用行政行为，将行政指导等行为

① 《多款收集预装软件偷跑流量　苹果 120 小时偷跑 80MB》，人民网，2015 年 7 月 6 日，http：//it. people. com. cn/n/2015/0706/c1009 – 27257604. html。

② 王旭光、王展飞：《中国环境公益诉讼的新进展》，载于《法律适用 · 司法案例》2017 年第 6 期。

③ 罗豪才、应松年：《行政诉讼法学》，中国政法大学出版社 1990 年版，第 107 页。

纳入受案范围。

问题的另一面是，艰难扩大受案范围的努力并没有在司法实践中收获更多。《行政诉讼法》施行12年，全国法院受理行政案件总共70余万件，平均每个法院每年的行政案件不到20件。有的法院全年没有一起行政案件[①]。受案范围狭窄成为法院受理案件的障碍，受案范围规定不明确这一缺陷使很多法官难以决定是否受理案件，只好求助于最高人民法院批复[②]。

立法只是导致这种结果的原因之一。司法实践对立法的理解和适用可能是更关键的。司法权和行政权之间的互动不够良性，法院有案不能受、不愿受和不敢受的情形一直存在。《行政诉讼法》的实施是非常消极的[③]。"有的法院的领导不敢大胆行使行政审判权……对于来自各方面的非法干预不能理直气壮地加以排除；有案不收、久拖不结，权权交易、官官相护等司法不公现象仍不同程度存在"[④]。推进司法改革、理顺司法权和行政权的关系、完善司法权力运行机制是解决问题的根本出路。

2014年《行政诉讼法》的修改内容中，不少内容与提高公民行政起诉权实现程度有关。具体包括：一是明确人民法院保障起诉权的义务。《行政诉讼法》第三条规定，人民法院应当保障公民的起诉权利，对应当受理的行政案件依法受理。行政机关及其工作人员不得干预、阻碍人民法院受理行政案件。该条第三款首次规定了行政机关负责人出庭应诉制度。二是扩大了受案范围。在第二条增加了受理法律、法规、规章授权的组织作出的行政行为也纳入受案范围。对第十一条做了全面修改，不仅在表述

① 应松年：《修改行政诉讼法势在必行》，载于《法制日报》2002年3月3日。

② 应松年：《当代中国行政法》，中国方正出版社2005年版，第1773页。

③ ［德］何意志：《中国的行政法：体制改革还是运动》，载于［德］平特纳著，朱林译：《德国普通行政法》，中国政法大学出版社1999年版，第209页。

④ 肖扬：《在纪念行政诉讼法实施十周年座谈会上的书面讲话》，载于最高人民法院行政审判庭编：《行政执法与行政审判参考》（第1辑），法律出版社2000年版，第2页。

上做了大幅度的修改，更是将给付行政行为、认为侵犯农村土地承包经营权、农村土地经营权行为、行政协议等都纳入了受案范围。三是对行政案件管辖制度做了调整，包括集中管辖和提级管辖等，降低受行政机关非法干预、阻碍的可能性。四是明确建立了立案登记制度。

（三）立案登记制保障诉讼权

立案登记制属于法院受理案件的制度。根据民事诉讼法和行政诉讼法的规定，法院接到当事人提交的民事、行政起诉状时，对符合法定条件的起诉，应当登记立案；对当场不能判定是否符合起诉条件的，应当接收起诉材料，并出具注明收到日期的书面凭证。需要补充必要相关材料的，人民法院应当及时告知当事人。在补齐相关材料后，应当在 7 日内作出决定是否立案登记。

为了有效化解我国长期存在的“立案难”顽疾、切实保障公民依法行使诉权，在新一轮司法改革的过程中，中共中央于 2014 年 10 月 28 日发布了《中共中央关于全面推进依法治国若干重大问题的决定》，其中明确提出了“健全公民权利救济渠道和方式”“改革法院案件受理制度，变立案审查制为立案登记制”的要求，以期实现“有案必立、有诉必理”等目标。根据《最高人民法院关于全面深化人民法院改革的意见》提出的要求，改革案件受理制度，变立案审查制为立案登记制，对人民法院依法应该受理的案件，做到有案必立、有诉必理，保障当事人诉权。同时，加大对虚假诉讼、恶意诉讼、无理缠诉行为的惩治力度。2015 年 4 月 1 日，中央全面深化改革领导小组审议通过《关于人民法院推行立案登记制改革的意见》，充分保障当事人诉权，切实解决“立案难”问题。

2015 年 5 月 4 日是全国法院实施立案登记制的第一个工作日。据不完全统计，4 日当天全国法院立案数量超过 67 000 件，与上年同期相比增幅超过 20%，当场登记立案率超过 85%。[①] 2015 年 5～12 月，各级法院共登记立案初审案件 994.4 万件，同比增长 29.54%，当场登记立案率达 95%，其中民事案件同比增长 26.45%，行政案件同比增长 66.51%，刑事自诉案件同比增长 58.66%。房屋拆迁、土地征用、政府信息公开等行政诉讼“立案难”问题得到切实解决。[②] 各级法院自 2015 年 5 月实施立案登记制以来，当场登记立案率保持在 95% 以上，截至 2017 年 9 月，登记立案数量超过 3 900 万件。[③]

立案登记制切实保障当事人依法、便利地行使诉权，但这并非鼓励公民在面临纠纷时盲目地诉诸司法。近年来，恶意诉讼、虚假诉讼等现象日益严重。2012 年修正民事诉讼法时新增了民事诉讼诚实信用基本原则，有关法律文件明确规定了对滥用诉权行为的民事、行政和刑事制裁措施。防范和规制滥诉行为，有助于平衡诉权保障与依法诚信处分之间的关系，有效利用宝贵的司法资源[④]，才能更好地保护诉权。

另外，公安机关也完善了刑事侦查阶段的立案制度。公安部发布《关于改革完善受案立案制度的意见》，规定对于群众报案、控告、举报、扭送，违法犯罪嫌疑人投案，以及上级机关交办或者其他机关移送的案件，属于公安机关管辖的，公安机关必须接受，不得推诿。截至 2017 年 6 月，全国省级公安机关都已出台受案、立案改革实施意见，18 个省级公安机关增设了案管机构，使受案立案工作更加规范、高效、便民、公开。[⑤]

---

① 《立案登记制首日全国法院立案数量超 6.7 万件》，人民网，2015 年 5 月 5 日，http：//politics. people. com. cn/n/2015/0505/c70731－26947907. html。

② 国务院新闻办：《中国司法领域人权保障的新进展》，人民出版社 2016 年版。

③⑤ 国务院新闻办：《中国人权法治化保障的新进展》，人民出版社 2017 年版。

④ 潘剑锋：《立案登记制与理性诉讼观的培育》，中国法院网，2015 年 4 月 23 日，http：//law. southcn. com/c/2015－04/23/content_122872740. htm。

三、刑事诉讼被追诉者权利的保障

在刑事诉讼中，被追诉者包括犯罪嫌疑人、刑事被告人和被羁押人等。在侦查、起诉阶段，被追诉者称为犯罪嫌疑人。起诉后进入审判阶段，称为刑事被告人。法院判决前侦查、起诉阶段，法院判决后进入刑罚执行阶段，被追诉者被采取强制措施羁押在看守所，或者需要执行自由刑羁押在监狱，称为被羁押人。处于不同刑事诉讼阶段、处于不同司法机关或司法行政机关的司法活动场景下，被追诉者的人权都应受到法律的平等保护。

（一）保障获得公正审判权的刑事司法运行机制——以审判为中心

刑事诉讼主要分为三个阶段，即侦查、起诉和审判，分别由公安机关负责侦查（监察法出台后，贪污等案件由监察委调查）、检察机关负责起诉、法院负责审判。刑事诉讼以审判为中心，即以法院庭审为中心，庭审应以质证为核心。刑事被告人是否有罪，以审判证明标准确定。经过庭审质证并采信的侦查、审查起诉阶段提交的事实证据才能作为定罪量刑的证据。

我国刑事诉讼法对于处理三个机关关系基本原则的规定是“分工负责、互相配合、互相制约，以保证准确有效地执行法律”（《刑事诉讼法》第七条）。但是在司法实践中，长期以来形成了“以侦查为中心”的案件处理特点。比如，以侦查、起诉证明标准混同于定罪标准[①]，这加重了侦查、起诉阶段的证明责任，虚化了法院的证明作用。法院庭审质证环节“走过场”。有

① 杨宇冠：《完善人权司法保障制度研究》，中国人民公安大学出版社 2016 年版，第 114 页。

数据表明，每年公安机关立案的刑事案件大约是650万件，真正进入法庭审判阶段并确定有罪的，全年将近100万件，差不多是6∶1。其中盗窃罪，立案是420多万件，最后法院判决是20万件。这是“以侦查为中心”的表现。①

党的十八届四中全会提出“以审判为中心的诉讼制度改革”的任务。发布《关于推进以审判为中心的刑事诉讼制度改革的意见》及其实施意见，改革的主要内容是：强调庭审实质化，严格贯彻罪刑法定、证据裁判、非法证据排除等法律原则，明确刑事诉讼各阶段的基本证据标准，证人、鉴定人、专家辅助人出庭作证，做到案件事实证据经得起法律检验，保证庭审在查明事实、认定证据、保护诉权、公正裁判中发挥决定性作用。确保无罪的人不受刑事追究，有罪的人受到公正惩罚。通过一个完整的庭审来对审查和起诉产生指导作用，倒逼侦查和起诉遵守法律程序、遵守游戏规则，提高办案质量。②

1. 完善刑事证据制度

刑事证据是刑事诉讼中的证据，证明案件真实情况的一切事实，以法律规定的形式表现出来。具体包括物证、书证、证人证言、被害人陈述、犯罪嫌疑人被告人供述和辩解等8类。证据必须有证据能力和证明力，作为刑事案件的定案证据，必须是依法取得的、与案件有客观联系的、客观存在的事实。事实清楚，证据确凿是我国刑事诉讼法对于案件事实认定方面的要求。因此，证据的形式、取得、保管、提交、准入、审查和运用等，必须有完善的制度规定。

如果从1996年《刑事诉讼法》修改作为观察的起始点的话，我国的刑事证据制度改革在过去的21年里走过了一段跌宕起伏的曲折历程。从2010年开始，中国的刑事证据立法和刑事证据

---

①② 访谈：《以审判为中心的诉讼制度改革：律师的职业定位》，载于《中国法律评论》2016年第1期。

制度改革进入了一个前所未有的快车道时期。一方面，刑事证据规范的数量得到大幅度的增加，2012 年修订后的刑事诉讼法“证据”一章由 1996 年的 8 个条文增加至 14 个条文，最高人民法院、最高人民检察院刑事诉讼法司法解释和公安部规定中证据部分条文综述增加至 86 条。2013 年以来，刑事证据规则又得到了进一步的成长。另一方面，更为重要的是，刑事证据立法开始呈现一种体系化的规范样态，证据裁判原则得以确立，以证据种类为基本框架的证据审查规则体系得以确立。当然，目前的刑事证据制度体系还远未达到完美的程度，还需要进行许多改进和优化工作。①

刑事证据制度改革应遵循惩罚犯罪与保障人权有机结合的理念。建立科学的证据规则体系，规范证据运用的程序，是完善刑事证据制度的重要内容。要有明确定罪的具体标准，完善收集证据的规则、非法证据排除规则、被告人口供运用规则、证人证言当庭质证的规则、秘密侦查手段获得的证据的可采性规则等。对测谎器的使用、秘密侦查手段的程序限制等问题做出规定，防止收集证据等活动成为侵犯公民隐私权等权利的手段。

2. 保护刑事被告人的质证权利

参与法庭质证是刑事被告人的合法权利。质证是指在法庭审理过程中控辩或当事人双方在法官的主持下，采用询问、辨认、质疑、辩驳、核实等方式对证据的效力进行质辩的诉讼活动②。实现以审判为中心的重要方式是法庭质证，没有法庭质证或者法庭质证虚化，则庭审实质化就难以实现。

根据我国《刑事诉讼法》第一百八十九条规定，在法官主持下，当事人和辩护人可以对证人、鉴定人发问。被告人发问是

① 转引自吴洪淇：《刑事证据制度变革的基本逻辑以 1996—2017 年我国刑事证据规范为考察对象》，载于《中外法学》2018 年第 1 期。

② 陈光中：《证据法学》，法律出版社 2013 年版，第 292 页。

质证的表现形式。《公民权利和政治权利公约》规定，受刑事指控者有权询问对他不利的证人，并使对他有利的证人和不利的证人在相同的条件下出庭和受询问。这就将“证人出庭”作为正当程序的基本要求。

3. 证人出庭制度

证人是质证得以顺利进行并有效发挥作用的关键。在我国，刑事诉讼证人出庭率低是一个长期存在的问题[①]。党的十八届四中全会提出“完善证人、鉴定人出庭制度，保证庭审在查明事实、认定证据、保护诉权、公正裁判中发挥决定性作用”。2012年修改《刑事诉讼法》时，明确了证人应当出庭作证的范围、强制作证制度，以及证人保护制度和证人作证补偿制度等。

在新的证人、鉴定人出庭制度实施以来，从刑事审判的现状来看，证人出庭率低下的问题并没有得到较大改善，刑事审判中见不到证人以及“证人作证难、出庭更难、讲真话难上加难”，有些案件中无法保证公正审判[②]。因此，需要进一步完善证人出庭制度，提高证人出庭的积极性、确保证人保护制度真正管用。

4. 人民陪审制度

吸纳一般公众参与法院审判活动的人民陪审制度在我国的已有较长的历史。早在土地革命时期、抗日战争和解放战争时期，就有人民陪审制度。新中国成立以后，人民陪审制度有了进一步的发展。这一制度在“文化大革命”后得到了恢复和发展，并不断完善。

2012年以来的司法改革同样启动了人民陪审制度的改革。党的十八届四中全会提出，逐步实行人民陪审员不审理法律适用问题，只参与事实认定。既可确保“审判中心”，强化控辩对

---

① 杨宇冠：《完善人权司法保障制度研究》，中国人民公安大学出版社2016年版，第134页。

② 《周光权代表：五措并举大幅提高刑事案件证人出庭率》，财新网，2019年3月9日，http://china.caixin.com/2019-03-06/101388061.html。

抗，也可杜绝“人情案”。改革成功的核心在于设立科学民主的“随机遴选”制度，真正赋予人民陪审员认定事实的权力[①]。2015年4月1日，中央深化改革领导小组审议通过了《人民陪审员制度改革试点方案》。2015年4月24日，全国人民代表大会常务委员会授权最高人民法院在10个省（区、市），各选5个法院开展人民陪审员制度改革试点工作。2018年4月27日，《人民陪审员法》颁布实施。

公民依法担任人民陪审员，这是法定权利也是法定义务。参与人民法院的审判活动，除法律另有规定以外，同法官有同等的权利。这体现了现代司法民主的要求，保障公民司法知情权、表达权、参与权、监督权的实现。

5. 认罪认罚从宽制度和速裁制度

刑事诉讼法简易程序改革是完善庭审实质化和庭审质证的重要方面。重大、复杂案件强化庭审环节，确保审判公正。简单的、事实清楚的甚至不需要质证的案件，繁简分流，区别对待，就可以弱化或者不经过庭审质证过程，被告人主动认罪认罚依法从宽处理，法院对符合条件的案件可以使用简易程序审判。

2014年8月，北京等18个城市开展刑事速裁程序改革试点，对事实清楚、证据充分，被告人自愿认罪，当事人对适用法律没有争议的危险驾驶、交通肇事、盗窃、诈骗、抢夺、伤害、寻衅滋事等情节较轻，依法可能判处一年以下有期徒刑、拘役、管制的案件，或者依法单处罚金的案件，在遵循刑事诉讼法的基本原则、充分保障当事人的诉讼权利的前提下，进一步简化相关诉讼程序。截至2015年，全国212个试点基层人民法院适用速裁程序共审结刑事案件31 086件，占试点法院同期判处一年以下有期徒刑以下刑罚案件的33.13%，占同期全部刑事案件的

---

① 《四中全会〈决定〉：设立陪审员遴选机制》，新浪网，2014年10月28日，http：//news. sina. com. cn/c/2014－10－28/213731059094. shtml。

15.48%。其中，10日内审结的占92.77%，当庭宣判率达95.94%；附带民事诉讼原告人上诉率为零，被告人上诉率仅为2.13%。[①] 2018年，基层法院适用速裁程序、简易程序和小额诉讼程序审结案件829.9万件[②]。审判效果和诉讼效率明显提升，当事人权利得到有效保护。在这一试点基础上，进一步开展认罪认罚从宽制度改革试点，对于犯罪嫌疑人、被告人自愿认罪、自愿接受处罚、积极退赃退赔的，依法从宽处理，在提高诉讼效率的同时，有效减少社会对抗，及时修复社会关系。

（二）无罪推定的刑事司法程序保障

无罪推定原则是现代法治国家刑事司法的一项基本原则，也是国际公约确认和保护的一项基本人权。其意指任何人"未经审判证明有罪前，推定为无罪"。《世界人权宣言》第十一条第一款规定：凡受刑事控告者，在未经获得辩护上所需一切保证的公开审判而依法证实有罪之前，有权被视为无罪。基于以上规定，无罪推定原则有三个具体含义：一是被告人在未经法庭审判前，不能推定其有罪。二是被告人经法庭判决有罪，必须是合法组成的法庭以判决的形式作出，并且依据确实充分排除任何合理怀疑的证据。如果证据不足，则"疑罪从无"。三是被告人经法庭认定无罪，也必须是合法组成的法庭以判决的形式作出。

我国《刑事诉讼法》第十二条规定，未经人民法院依法判决，对任何人都不得确定有罪。被追诉者在被起诉前处于犯罪嫌疑人地位，被起诉后则处于被告人地位，而不是"有罪"者。公诉人负有提出证据证明被告人有罪的责任，被告人不承担证明自己有罪或者无罪的义务。如果公诉人不能提出确实充分的证据证实被告人的罪行，法庭经过庭审和补充性调查也不能查明被告

① 国务院新闻办：《中国司法领域人权保障的新进展》，人民出版社2016年版。
② 《最高人民法院工作报告》（2019年）。

人有罪的事实，那么就只能判定被告人无罪。对照国际人权公约的规定，我国并没有完全照搬其对于无罪推定原则的规定，而是根据中国刑事诉讼的实践和需要做了合理的取舍。

为了更好地落实无罪推定的精神，《刑事诉讼法》规定了具体的刑事证据制度，并在司法改革中推动解决我国司法实践中妨碍该原则实现的问题，纠正冤假错案。2015 年 2 月，最高人民法院和公安部明确，刑事被告人或上诉人穿着正装或者便装出庭受审，贯彻无罪推定原则，体现了对刑事被告人权利的尊重①。

1. 不得强迫自证其罪

《刑事诉讼法》第五十二条规定，不得强迫任何人证实自己有罪。《公民权利和政治权利公约》中有类似的规定：任何人不被强迫作不利于他自己的证言或强迫承认犯罪。这确立了刑事被告人拒绝强迫自证其罪的权利，并引申出刑事被告人的“沉默权”，即以消极的方式反对被迫做不利于自己的供述的权利。我国刑事诉讼法没有规定“沉默权”，但是在制度上推进改变刑事案件中过于注重口供的传统：一方面不轻信口供，另一方面没有被告人供述，证据确实、充分的，可以认定被告人有罪和处以刑罚。强调办理刑事案件要重证据、重调查研究。

2. 非法证据排除

非法证据排除规则，是指采用非法手段取得的证据不得用作对犯罪嫌疑人、被告人不利的证据。具体来说，非法收集的证据应当予以排除，不得作为起诉意见、起诉决定和判决的证据。该项规则首先产生于美国，最初只针对非法搜查或者扣押取得的实物证据。1966 年的米兰达案使非法证据排除规则的范围扩大到非法取得的言词证据。②

① 访谈：《以审判为中心的诉讼制度改革：律师的职业定位》，载于《中国法律评论》2016 年第 1 期。

② 博登海默、邓正来：《法理学——法哲学及其方法》，中国政法大学出版社 1999 年版，第 358 页。

所谓非法收集的证据，主要包括：采用刑讯逼供等非法方法收集的犯罪嫌疑人、被告人供述；采用暴力、威胁等非法方法收集的证人证言、被害人陈述。另外，收集物证、书证不符合法定程序，可能严重影响司法公正的，应当予以补正或者作出合理解释；不能补正或者作出合理解释的，对该证据应当予以排除。

非法证据排除制度对于减少乃至于消除刑事案件处理中“强迫自证其罪”的情形具有重要意义。刑讯逼供是其中最恶劣的方式，还有其他残忍、不人道或者有辱人格的待遇等，因其强迫性和造成痛苦性，迫使犯罪人提出可能导致证明自己有罪的证据，不仅损害了犯罪嫌疑人、刑事被告人和被羁押人的合法权利，而且会极大影响到案件的公正性。我国于 1988 年 10 月就批准加入了联合国《禁止酷刑和其他残忍、不人道或有辱人格的待遇或处罚公约》，体现了对于禁止酷刑、反对刑讯逼供的积极态度。

非法证据被很多人称为“毒树之果”，刑讯逼供之下的证据收集导致了冤假错案的发生。2010 年 5 月 9 日，河南商丘赵作海被宣告无罪释放。经查，赵作海之所以违心认罪，完全是刑讯逼供、屈打成招。① 2010 年 5 月 30 日，最高人民法院等五部门联合发布了《关于办理刑事案件排除非法证据若干问题的规定》，明确采用刑讯逼供等非法手段取得的犯罪嫌疑人、被告人供述和采用暴力、威胁等非法手段取得的证人证言、被害人陈述，属于非法言词证据。经依法确认的非法言词证据，应当予以排除，不能作为定案的根据。

我国 2012 年《刑事诉讼法》规定“严禁以刑讯逼供和以威胁、引诱、欺骗以及其他非法的方法收集证据”。并规定了一系列措施以实施非法证据排除制度。比如，追究非法收集证据的法律责任。法庭审理中，审判人员认为有必要应当对证据收集的合

① 李奋飞等：《正义的救赎——影响中国法治进程的十大刑案》，人民出版社 2016 年版，第 31 ~ 34 页。

法性进行法庭调查。此时，要求人民检察院在庭审中对证据收集的合法性予以证明。当事人及其辩护人、诉讼代理人有权申请人民法院对以非法方法收集的证据依法予以排除。刑事诉讼法确立讯问犯罪嫌疑人、被告人全程录音录像制度，有效预防刑讯逼供、违法取证等执法不规范问题。

2014 年 8 月 22 日，福建省高院再审宣判念斌无罪。作为 2012 年《刑事诉讼法》实施后的无罪释放案件，“念斌”案[①]的纠正受到了该法中非法证据排除规定的影响，并再次引发对于刑事诉讼证据制度的反思。福建省高院宣判无罪的判决书写道：“被害人系中毒死亡。但原判认定致死原因为氟乙酸盐鼠药中毒依据不足，认定的投毒方式依据不确实，毒物来源依据不充分，与上诉人的有罪供述不能相互印证，相关证据矛盾和疑点无法合理解释、排除，全案证据达不到确实、充分的证明标准，不能得出系上诉人念斌作案的唯一结论。因此，原判认定上诉人念斌犯投放危险物质罪的事实不清，证据不足，所犯罪名不能成立”。[②] 2017 年，最高人民法院等五部门发布《关于办理刑事案件严格排除非法证据若干问题的规定》，针对实施中的问题进行回应和整合。

司法实践中，违法取证等行为得到了纠正，非法证据排除规则的适用日益明确。2015 年，各级检察机关对侦查机关不应当立案而立案的，督促撤案 10 384 件；监督纠正滥用强制措施、违法取证等侦查活动违法情形 31 874 件次。2014 年，河北省顺平县检察院在审查办理王某某涉嫌故意杀人案时，针对多处疑

① “念斌”案的简介：2006 年 7 月 27 日夜，福建省平潭县澳前村两户居民家中多人出现中毒症状，两名儿童经抢救无效死亡。经过警方侦查，很快确认是投毒所致。其邻居念斌有重大嫌疑。此后该案历经 8 年 10 次开庭，念斌 4 次被判死刑，3 次撤销判决，最高法 6 次批准案件延期审理。2014 年 8 月 22 日，念斌被宣告无罪。参见马海恒：《从念斌案看非法证据排除规则的发展》，载于《楚天法治》2015 年第 4 期。

② 《念斌投放危险物质案》，福建省高级人民法院刑事附带民事判决书（2012）闽刑终字第 10 号。

点，坚决排除非法证据，作出不批捕决定，提出补充侦查意见，公安机关最终抓获真凶。[①]

3. 羁押必要性审查

在刑事案件进入审判程序以前，对犯罪嫌疑人可以依法先行羁押。根据我国《刑事诉讼法》的规定，侦查机关可以依法采取刑事拘留措施，经人民检察院或者法院批准可以依法逮捕犯罪嫌疑人。被采取刑事拘留和逮捕等强制措施的犯罪嫌疑人需要羁押在看守所中，被限制人身自由。

禁止任意和非法羁押是最基本的人权。从全球视野来看，过度羁押和羁押性强制措施的不平等适用问题仍然十分突出[②]。在我国，超期羁押的情况也一度十分严重，司法机关屡次对超期羁押的案件进行清理[③]。

2012 年《刑事诉讼法》修改增加了“羁押必要性审查”制度，这是尊重和保障人权原则的具体体现。其第九十五条规定，犯罪嫌疑人、被告人被逮捕后，人民检察院仍应当对羁押的必要性进行审查。对不需要继续羁押的，应当建议予以释放或者变更强制措施。该法还对强制措施的撤销、变更、按条件释放等作出了规定。刑事诉讼法对羁押性强制措施作出进一步完善，细化了逮捕的条件，明确了作为逮捕条件的社会危险性的具体标准。这些规定有利于规范并减少羁押性强制措施的适用，公民人身自由权利保护更加有力。

2014 年，最高人民法院、最高人民检察院、公安部联合下发文件，明确了换押和羁押期限变更通知的范围、换押程序、通知程序、送达方式等，进一步预防和纠正超期羁押。检察机关严

---

① 国务院新闻办：《中国司法领域人权保障的新进展》，人民出版社 2016 年版。

② 杨宇冠：《完善人权司法保障制度研究》，中国人民公安大学出版社 2016 年版，第 57 页。

③ 《最高检：全国一年内清理 1 800 余件超期羁押案件》，中国新闻网，2015 年 9 月 21 日，http：//www. chinanews. com/gn/2015/09 – 21/7535957. shtml。

格执行法定逮捕条件和审查逮捕程序，坚持少捕、慎捕。2015年，各级检察机关对涉嫌犯罪但无社会危险性的决定不批捕90 086人，对犯罪情节轻微、依法不需要判处刑罚的决定不起诉50 787人。2015年，全国检察机关对不需要继续羁押的29 211名犯罪嫌疑人建议释放或变更强制措施[①]。

4. 防范并纠正冤假错案

贯彻疑罪从无，积极防范并纠正冤假错案，是党的十八大以来始终坚持的刑事司法政策。冤假错案的出现，最根本原因有两条，一条是个别司法人员依法保障人权观念的缺失，另一条就是个别的司法人员违法办案、违法取证、暴力取证，甚至刑讯逼供。教训是深刻的，也是惨痛的[②]。

2013年，公安部发布《关于进一步加强和改进刑事执法办案工作，切实防止发生冤假错案的通知》等文件，深化错案预防机制制度建设，加强对执法办案全方位、全过程、即时性监督，从源头上防止冤假错案的发生。司法部制定《关于进一步发挥司法鉴定制度作用防止冤假错案的意见》，全面加强司法鉴定管理，进一步规范司法鉴定活动。最高人民检察院发布《关于切实履行检察职能，防止和纠正冤假错案的若干意见》，严把事实关、程序关和法律适用关，健全检察环节错案发现、纠正、防范和责任追究机制。最高人民法院发布《关于建立健全防范刑事冤假错案工作机制的意见》，规定对定罪证据不足的案件，应当依法宣告被告人无罪，不得降格作出“留有余地”的判决，确保无罪的人不受刑事追究。

2015年，各级检察机关对不构成犯罪或证据不足的，决定不批捕131 675人、不起诉25 778人；对认为确有错误的刑事裁

① 国务院新闻办：《中国司法领域人权保障的新进展》，人民出版社2016年版。

② 《最高检：全国一年内清理1 800余件超期羁押案件》，中国新闻网，2015年9月21日，http：//www. chinanews. com/gn/2015/09 －21/7535957. shtml。

判提出抗诉 6 591 件[①]。2013 年至 2017 年 9 月，人民法院共依法宣告 4 032 名被告人无罪。党的十八大以来，人民法院依法纠正呼格吉勒图案、聂树斌案、陈满案等重大冤错案件 37 件 61 人[②]。

2018 年，完善冤假错案防范纠正机制，严格落实非法证据排除规则，各级人民法院按照审判监督程序再审改判刑事案件 1 821 件，其中依法纠正“五周杀人案”等重大冤错案件 10 件。落实罪刑法定、疑罪从无等原则，依法宣告 517 名公诉案件被告人和 302 名自诉案件被告人无罪[③]。

（三）刑事被追诉者的辩护权

犯罪嫌疑人、刑事被告人在刑事程序中有权获得辩护，是其积极参与诉讼活动保护自身合法权利不受侵犯的基础。《公民权利和政治权利公约》规定，被告人有权出席受审并亲自替自己辩护或经由他自己所选择的法律援助进行辩护。在现代法治国家，专业的律师提供刑事辩护服务是被追诉人实现辩护权的核心途径。

我国刑事诉讼法规定，人民法院审判案件，除本法另有规定的以外，一律公开进行。被告人有权获得辩护，人民法院有义务保证被告人获得辩护。人民法院、人民检察院和公安机关应当保障犯罪嫌疑人、被告人和其他诉讼参与人依法享有的辩护权。也就是说，我国刑事诉讼法明确了两种辩护权：一是审判中刑事被告人的辩护权；二是审判以外其他司法活动中的犯罪嫌疑人、刑事被告人和其他诉讼参与人的辩护权。

自 2012 年刑事诉讼法修改以来，刑事辩护的情况有不少变

---

① 国务院新闻办：《中国司法领域人权保障的新进展》，人民出版社 2016 年版。

② 国务院新闻办：《中国人权法治化保障的新进展》，人民出版社 2017 年版。被纠正的冤假错案还包括：张辉、张高平案，念斌案，徐辉案，黄家光案，王本余案，于英生案，钱仁风案，徐金龙案，杨明案等。

③ 《最高人民法院工作报告》（2019 年）。

化。从大数据分析来看，优化的方面是，刑事辩护的覆盖面在持续扩大，刑事辩护的专业化水平稳步提升，被告人聘请律师的意愿不断增强。有待改善的方面是，刑事辩护率仍然偏低。尽管律师辩护率持续上升，但仍然只有 1/5 的被告人能够获得律师辩护。刑辩律师资源缺口加剧。辩护律师的群体在不断扩大，但是受制于刑事案件更高的增速，刑辩律师的资源缺口相较于五年前不仅没有改善，反而有所加剧。[①]

1. 保障律师执业权利

律师只有独立行使辩护权利，才能更好地维护刑事被追诉者的利益，实现人权保障职能[②]。联合国《律师作用的基本原则》要求各国政府应当确保建立良好的职业环境和相应的保障机制使律师独立不受干涉。理性看待律师的执业定位，保障律师依法履行会见、调查取证、阅卷、庭审质证、辩论等权利。

中国制定或修改了多部法律法规和文件，律师的执业权利正在得到越来越充分的尊重和保障。发布《关于深化律师制度改革的意见》《关于依法保障律师执业权利的规定》《关于建立健全维护律师执业权利快速联动处置机制的通知》《关于进一步做好保障律师执业权利相关工作的通知》《关于开展刑事案件律师辩护全覆盖试点工作的办法》《关于依法切实保障律师诉讼权利的规定》等，对律师执业权利保障规定了多层次的措施，着力解决当前律师权利保障中存在的突出问题，进一步明确了各部门对律师执业权利和人身权利的保障职责。依法保障律师知情权、申请权、申诉权，以及会见、阅卷、收集证据和发问、质证、辩论等方面的执业权利，确保律师依法履行辩护、代理职责不受阻碍，当事人合法权利不受侵害。最高人民法院开通律师服务平台，实

① 王禄生：《这五年刑事辩护率提升了吗？基于 303 万份文书的挖掘》，搜狐网，2018 年 11 月 23 日，http：//www. sohu. com/a/277310731_120032。

② 杨宇冠：《完善人权司法保障制度研究》，中国人民公安大学出版社 2016 年版，第 189 页。

现网上立案、网上阅卷、联系法官等功能，为律师行使执业权利提供便利条件。

2013 年以来，各级检察机关监督纠正有关机关及其办案人员阻碍律师依法执业的案件 6 542 件。截至 2017 年 3 月，31 个省级律师协会维权中心全部建成，大部分设区的市建立了维权中心，基本实现全覆盖。截至 2017 年 8 月，律师人数已达 33 万多人，律师事务所发展到 2.6 万多家。全国律师每年办理诉讼案件 330 多万件，办理非诉讼法律事务 100 多万件，年均承办法律援助案件 50 多万件，提供公益法律服务 230 多万件次，担任法律顾问 50 多万家。①

2. 提供法律援助

为了平等保护刑事被追诉者的辩护权，国家有义务为经济贫困的人或有其他原因需要帮助进行诉讼活动的人提供援助以维护其权益。

根据我国《刑事诉讼法》第三十六条规定，有三类法律援助的情形：一是犯罪嫌疑人、被告人因经济困难或者其他原因没有委托辩护人的，本人及其近亲属可以向法律援助机构提出申请。对符合法律援助条件的，法律援助机构应当指派律师为其提供辩护。二是犯罪嫌疑人、被告人是盲、聋、哑人，或者是尚未完全丧失辨认或者控制自己行为能力的精神病人，没有委托辩护人的，人民法院、人民检察院和公安机关应当通知法律援助机构指派律师为其提供辩护。三是犯罪嫌疑人、被告人可能被判处无期徒刑、死刑，没有委托辩护人的，人民法院、人民检察院和公安机关应当通知法律援助机构指派律师为其提供辩护。第一类为依申请提供法律援助，第二类、第三类为强制辩护制度，指定法律援助机构提供刑事辩护。在出现被追诉人的个人情况及案件可能判处的刑罚的特定情况时，被告人没有委托律师的，法院为其

① 国务院新闻办：《中国人权法治化保障的新进展》，人民出版社 2017 年版。

指定律师以保障其防御权的行使，且必须有辩护人为其进行辩护则法庭审判活动方为合法有效[①]。

近年来，我国加大法律援助力度，公民获得法律援助的权利进一步落实。加强法律援助基层服务网络建设。全国共建成法律援助便民服务窗口 3 500 余个、法律援助工作站 7 万余个[②]，基层基础建设得到改善。推广使用全国法律援助信息管理系统，简化受理审查程序，公民获得法律援助更加便捷。进一步扩大法律援助补充事项范围，放宽适用法律援助的经济困难标准，加大法律援助经费保障。

2012～2015 年，中央财政拨付法律援助经费总额 15.2 亿元。积极推动地方政府将法律援助经费纳入财政预算。截至 2015 年，全国已有 24 个省（自治区、直辖市）建立省级法律援助专项资金，91.4%的地方将法律援助业务经费纳入财政预算。[③] 2013～2016 年，全国法律援助经费总额达到 73 亿元，共办理法律援助案件 500 余万件，受援群众超过 557 万人，提供法律咨询超过 2 800 万人次。[④]

3. 犯罪嫌疑人辩护权的保障

犯罪嫌疑人被讯问或者被采取强制措施后，有委托律师作为辩护人的权利。我国《刑事诉讼法》第三十四条规定，犯罪嫌疑人自被侦查机关第一次讯问或者采取强制措施之日起，有权委托辩护人；在侦查期间，只能委托律师作为辩护人。人民检察院自收到移送审查起诉的案件材料之日起三日以内，应当告知犯罪嫌疑人有权委托辩护人。同时，该法还规定人民检察院在决定是否逮捕时，可听取辩护律师的意见。在审查起诉阶段应当听取律师的意见，以及在涉嫌犯罪的定性、罪名、法律

① 樊崇义、张建伟：《WTO 与刑事诉讼法律制度的改革》，载于《政法论坛》2002 年第 2 期。

②③ 国务院新闻办：《中国司法领域人权保障的新进展》，人民出版社 2016 年版。

④ 国务院新闻办：《中国人权法治化保障的新进展》，人民出版社 2017 年版。

适用等方面的意见听取内容。

律师在侦查阶段就提前介入，是我国1996年《刑事诉讼法》修订时规定的。该法规定，犯罪嫌疑人在被侦查机关第一次讯问后或者采取强制措施之日起，可以聘请律师提供法律咨询、代理申诉、控告。犯罪嫌疑人被逮捕的，聘请的律师可以为其申请取保候审。律师有权会见在押的犯罪嫌疑人，但必须符合有关的程序和条件等。这里，犯罪嫌疑人的权利是“聘请律师”而不是“委托辩护人”，因此律师的作用非常有限，在实践中经常受到各种限制，举步维艰。

在2012年修订时，侦查阶段和审查起诉阶段明确了犯罪嫌疑人可以委托辩护人，是对刑事被追诉者审前辩护权的更为到位的保护，有利于对犯罪嫌疑人的人权保障。2018年刑事诉讼法修订时，还增加了值班律师的制度，这是适应世界人权发展潮流、彰显司法人权的重要成果，是我国司法人权保障制度的建构和完善的一大亮点。①

（四）被羁押人合法权利的保护

被羁押人是指被羁押在看守所中的犯罪嫌疑人和被羁押在监狱中的罪犯。被羁押人即使被剥夺政治权利，其人格尊严、人身安全、合法财产等人权也应当得到切实保障，其辩护、申诉、控告、检举等合法权利也应当得到切实保障。

《国家人权行动计划（2012—2015年）》指出，中国将进一步加强对刑事诉讼活动、刑罚执行和监管活动的监督，保障被羁押人的合法权利。2009年，云南青年李荞明死在看守所，警方称其“躲猫猫”，引发舆论哗然，进而引发全社会对“牢头狱

---

① 樊崇义：《2018年〈刑事诉讼法〉最新修改解读》，载于《中国法律评论》2018年第4期。

霸”问题的反思[①]。监所安全问题，刑罚执行中减刑、假释、监外执行、保外就医制度执行中的违法问题等在不同程度存在，对被羁押人的人权的平等保护带来不良影响。近年来，我国在加强被羁押人合法权利保护方面，有了新的进展。[②]

1. 加强看守所建设和管理，保障被羁押人的人身安全

实施新的《看守所建设标准》，全面推行床位制，对看守所的建筑标准和人均最低使用面积做出规定。严格落实入所身体检查制度，建立预防和打击牢头狱霸的长效机制，对新收押人员实行过渡管理，严禁使用在押人员管理监室。严格提讯、提解制度。办案机关因侦查需要提解犯罪嫌疑人出所辨认或者追缴犯罪有关财物的，必须持有县级以上办案机关主要领导批示并标明法定原因，由两名以上办案人员提解。

截至2015年，全国有2 169个看守所建立被羁押人心理咨询室，有2 207个看守所实现留所服刑罪犯互联网双向视频会见。大力推进法律援助中心驻看守所工作站建设，全国已有2 500多个看守所建立了工作站，为在押人员及其家属提供法律援助、法律咨询等服务。

2. 规范监狱、看守所生活医疗管理，保障被羁押人的健康权利

看守所严格执行本地区财政部门核定的在押人员伙食实物量标准，在监室内张贴伙食标准、每周食谱和伙食账目，接受监督。监狱按照《关于加强监狱生活卫生管理工作的若干规定》，严格落实2013年调整后的在押服刑人员伙食实物量标准、食品留样及抽样检测、生活物资招标采购制度。加强监狱生活卫生管理，保证服刑人员的饮食实现科学配膳、合理调剂、精细管理、

① 《要以改革力度检验“躲猫猫”事件的影响》，载于《北京青年报》2009年3月13日。

② 国务院新闻办：《中国司法领域人权保障的新进展》，人民出版社2016年版。

杜绝浪费。照顾少数民族服刑人员的特殊生活习惯，对有特殊饮食禁忌的，单独设置少数民族灶。监狱、看守所加强在押人员医疗卫生保障，为在押人员建立医疗档案，配备驻监狱、看守所医生并每日在监室巡诊，对需要出监狱、看守所就医的在押人员及时送当地医院治疗。监狱严格药品采购、保管和使用等制度，加强卫生设施设备建设和疾病防控，对患病服刑人员及时诊治，依法保障服刑人员的生命权、健康权。最高人民法院、最高人民检察院、公安部、司法部和国家卫生计生委联合制定《暂予监外执行规定》，于 2014 年 12 月 1 日起实施。服刑人员在监狱、看守所服刑期间因参加劳动致伤、致残被暂予监外执行的，出监、出所后的医疗补助、生活困难补助等费用按国家有关规定办理。对患有严重疾病需要保外就医的、怀孕或者正在哺乳自己婴儿的妇女以及生活不能自理的服刑人员，可以暂予监外执行。

3. 加强对监狱、看守所的监督，保障被羁押人合法权利不受侵犯

看守所提高执法工作透明度，定期向社会开放。截至 2015 年，全国有 2 610 个看守所建立在押人员投诉处理机制，有 2 558 个看守所聘请了特邀监督员。检察机关监督看守所对犯罪嫌疑人、被告人入所健康体检活动和临时出所管理活动，防止和纠正侦查人员将犯罪嫌疑人提出看守所外进行非法讯问或刑讯逼供。强化刑事羁押期限监管，监督各有关部门清理久押不决案件。2013 年核查出的羁押 3 年以上未结案的 4 459 人，2015 年下降到 6 人①。

4. 规范减刑、假释、暂予监外执行工作，保障服刑罪犯刑罚变更执行的权利

深化狱务公开，依法向社会公开减刑、假释、暂予监外执行的法定条件、程序和结果。人民法院强化网上公示、开庭审理等

① 国务院新闻办：《中国司法领域人权保障的新进展》，人民出版社 2016 年版。

措施，开通全国法院减刑、假释、暂予监外执行信息网。2012～2015年，各级法院共裁定减刑案件240.61万件、假释案件16.01万件[①]。监狱、看守所严格按照法律规定，对符合减刑、假释、暂予监外执行的留所服刑罪犯及时办理相关手续。检察机关严格履行监督职责，确保刑罚变更的公平公正。

5. 实施国家特赦，彰显人道精神

我国宪法规定了特赦制度，由全国人民代表大会常务委员会决定，中华人民共和国主席发布特赦令，免除特定罪犯全部或者部分的服刑。特赦主要有四个方面的根据：对国家重大喜庆活动的庆祝，对罪犯不具有再犯罪危险性的肯定，对成文刑法局限性的修正，对基于刑法变化的判决效果的变更等。[②]

2015年8月29日，第十二届全国人民代表大会常务委员会第十六次会议通过关于特赦部分服刑罪犯的决定，国家主席习近平签署主席特赦令，对依据2015年1月1日前人民法院作出的生效判决正在服刑，释放后不具有现实社会危险性的四类罪犯实行特赦。这是新中国成立以来第八次，也是改革开放以来第一次实行特赦，是实施宪法规定的特赦制度、贯彻全面依法治国和体现人道主义精神的新实践，具有重大政治意义和法治意义。经人民法院依法裁定，全国共特赦服刑罪犯31 527人。[③]对无工作单位、无劳动能力、无生活来源、无法定赡养人的被特赦人员，依法按政策落实最低生活保障等措施，帮助被特赦人员顺利融入社会。

2019年6月29日，根据第十三届全国人民代表大会常务委员会第十一次会议的决议，中华人民共和国主席发布特赦令，对依据2019年1月1日前人民法院作出的生效判决正在服刑的九类对象实行特赦。特赦令中对不得特赦的情形也做了规定。这是

①③ 国务院新闻办：《中国司法领域人权保障的新进展》，人民出版社2016年版。

② 张明楷：《特赦的根据和运用》，载于《人民日报》2019年6月30日。

中华人民共和国成立以来的第九次特赦，其目的是“为庆祝中华人民共和国成立 70 周年，体现依法治国理念和人道主义精神”。全国人民代表大会法制工作委员会答记者问时，提出了此次特赦具有四个重大意义：一是有利于彰显以习近平同志为核心的党中央承续中华文明慎刑恤囚、明刑弼教的优良传统，推进法安天下、德润人心的仁政，展示执政自信和制度自信，树立新时代盛世伟邦形象。二是有利于弘扬全面依法治国理念，形成依宪执政、依宪治国的良好社会氛围，深入推进法治中国建设。三是有利于贯彻落实宽严相济刑事政策，充分发挥特赦的感召效应，最大限度地化消极因素为积极因素，促进社会和谐稳定。四是有利于展现我国人权司法保障水平，进一步树立我国开放、民主、法治、文明的国际形象。

（五）完善死刑的诉讼程序

严格控制和慎用死刑，是我国的基本刑事政策。我国法律和刑事政策强调死刑只适用于极少数罪行极其严重的犯罪分子。在死刑案件的审理中，应充分保障刑事被告人的辩护权和其他合法权益。我国《刑事诉讼法》规定了专门的死刑复核程序，并要求所有的死刑二审案件开庭审理，控制死刑的适用，贯彻少杀、慎杀的刑事政策。对于死刑的执行，也秉持人道主义的精神。

死刑复核程序是指人民法院对判处死刑的案件报请对死刑有核准权的人民法院审查核准应遵守的步骤、方式和方法。这一程序只适用于判处死刑的案件，包括判处死刑立即执行和判处死刑缓期二年执行的案件。

死刑复核程序制度的主要内容：有权核准死刑的机关是最高人民法院。中级人民法院判处死刑的第一审案件，被告人不上诉的，应当由高级人民法院复核后，报请最高人民法院核准。高级人民法院不同意判处死刑的，可以提审或者发回重新审判。高级人民法院判处死刑的第一审案件被告人不上诉的和判处死刑的第二审案件，都应当报请最高人民法院核准。中级人民法院判处死刑缓期二年执行的案件，由高级人民法院核准。在死刑判决作出之后，二审法院审理完毕或者一审后经过法定的上诉期或抗诉期被告人没有提出上诉、检察院没有提起抗诉，人民法院就应当自动将案件报送高级人民法院或最高人民法院核准。

最高人民法院复核死刑案件，高级人民法院复核死刑缓期执行的案件，应当由审判员三人组成合议庭进行。最高人民法院对下级人民法院报请复核的死刑判决、裁定，在认定事实和适用法律上是否正确进行全面审查，依法作出是否核准死刑的决定。最高人民法院复核死刑案件，应当讯问被告人，辩护律师提出要求的，应当听取辩护律师的意见。在复核死刑案件过程中，最高人民检察院可以向最高人民法院提出意见。最高人民法院应当将死刑复核结果通报最高人民检察院。

四、刑事诉讼被害人权利的保障

保护被害人权利是刑事诉讼程序的基本职能。从个体人权的角度来看，被害人指合法权益受到犯罪行为非法侵害的公民，包括直接的受害者以及“直接受害者的近亲属或其受养人以及出面干预以援助遭难的受害者或防止受害情况而蒙受损害的人”①。这些非法侵害包括经济损失和基本权利的损害，也包括精神上的损害。

从国际人权公约的规定来看，被害人的基本权利包括：获得公理和公平待遇的权利，比如对尊严的尊重、获得程序救济、获知有关信息、提出申诉和控告，以及隐私及人身安全受保护的权利。

---

① 《为罪行和滥用权力行为受害者取得公理的基本原则宣言》第二条。

获得赔偿的权利、获得国家补偿的权利以及获得援助的权利。①

我国建立完善国家司法救助制度，加大受害人保护力度。2014 年，最高人民法院、最高人民检察院、公安部等 6 部门联合发布文件，建立完善国家司法救助制度。加强和规范国家救助工作，统一案件受理、救助范围、救助程序、救助标准、经费保障、资金方法，实现“救助制度法治化、救助案件司法化”。国家对受到侵害但无法获得有效赔偿的刑事被害人等给予经济资助，帮助其摆脱生活困境。司法机关严格遵守司法救助申请告知义务，对符合条件的救助对象，及时发放救助资金。

2015 年，全国共发放司法救助资金 16.69 亿元，71 700 个司法救助案件的当事人及其家庭得到救助。截至 2015 年底，公安机关累计对 6 338 人发放司法救助资金约 1.4 亿元。2014 年 1 月至 2015 年 10 月，各级检察机关共受理 1.3 万多人国家司法救助申请，发放救助金 1.2 亿元。②

五、未成年被追诉者人权的刑事司法保障

未成年人犯罪占全部刑事犯罪案件的比例越来越大③。刑事诉讼法对于未成年人犯罪的追诉，应特别注意对未成年人的权利保护。

联合国的相关国际人权公约中，都体现了对未成年人的刑事诉讼权利保障。在《儿童权利宣言》当中，提出了“最大利益原则”，并对各国国内立法提出了要求。《北京规则》规定，对未成年犯罪适用刑罚，要兼顾保护社会的利益和犯罪未成年人的

① 谭世贵：《国际人权公约与中国法制建设》，武汉大学出版社 2007 年版，第 54 ~ 58 页。

② 国务院新闻办：《中国人权法治化保障的新进展》，人民出版社 2017 年版。

③ 国务院新闻办：《中国司法领域人权保障的新进展》，人民出版社 2016 年版。

利益。为此，为被追诉的未成年人提供特殊司法制度，成为保护社会利益和未成年利益的共同需要。尽量减少司法制度对未成年人进行干预。对于未成年人来说，着眼点不是惩罚，而是改造。《利雅得准则》提出，预防少年犯罪是社会预防犯罪的一个关键部分。制定进步的预防少年违法犯罪政策以及系统研究和详细拟订措施，对未造成严重损害的未成年人以保护性处分，以教育为主、惩罚为辅。基于以上原则，国际人权公约提出了被追诉的未成年人在诉讼过程中的程序性权利和隐私权等实体权利的保护。

2012 年修改的《刑事诉讼法》，在特别程序中增加了未成年人刑事案件诉讼程序一章，规定对犯罪的未成年人实行教育、感化、挽救的方针，坚持教育为主、惩罚为辅的原则，由熟悉未成年人身心特点的审判人员、检察人员和侦查人员承办未成年人刑事案件，促进犯罪未成年人回归社会。

公安部修订《公安机关办理刑事案件程序规定》，最高人民检察院修订《人民检察院办理未成年人刑事案件的规定》，最高人民法院发布关于适用刑事诉讼法的司法解释，对刑事诉讼法关于涉罪未成年人的特殊保护制度进一步细化。各级公安机关设立专门机构或指定专职人员，按照有关专门要求办理未成年人违法犯罪案件。最高人民检察院 2015 年成立了独立的未成年人检察工作办公室。截至 2016 年 3 月，全国有 12 个省级检察院、123 个市级检察院、893 个基层检察院成立了有独立编制的未成年人检察专门机构。人民法院稳步推进少年法庭建设。截至 2015 年，全国共有少年法庭 2 253 个，有少年法庭法官 7 200 多名。①

公安机关、人民检察院和人民法院在办理未成年人刑事案件过程中，严格落实年龄审查、指定辩护、慎用羁押措施等工作要求，依法通知法定代理人、合适成年人到场；对未成年犯罪嫌疑人、被告人的成长经历、犯罪原因、监护教育等情况进行调查并

① 国务院新闻办：《中国司法领域人权保障的新进展》，人民出版社 2016 年版。

作为办案的参考；审判时被告人不满十八周岁的案件，不公开审理；对犯罪时不满十八周岁，被判处五年有期徒刑以下刑罚的，实行犯罪记录封存；积极开展对违法犯罪及有不良行为未成年人的帮教转化工作。2002 年以来，未成年人重新犯罪率基本控制在 2% 左右，未成年人犯罪案件数整体呈现下降趋势，未成年罪犯占全部罪犯的比例逐渐下降，2015 年下降到 3.56%。①

六、社区矫正制度与促进回归社会

社区矫正（community correction）是指针对被判处管制、宣告缓刑、裁定假释、暂予监外执行这四类犯罪行为较轻的对象所实施的非监禁性矫正刑罚。通过司法行政部门，利用各种社会资源、整合社会各方面力量，使矫正对象改正恶习，并帮助他们重新回归社会。

2011 年 2 月《刑法修正案（八）》，明确规定了对判处管制、缓刑以及假释的罪犯依法实行社区矫正，标志着我国社区矫正法律制度的确立，为改革完善我国刑罚执行制度奠定了重要基础。

社区矫正明确在刑法中加以规定，从立法上确立了行刑社会化理念，也是贯彻落实我国“宽严相济”刑事政策的具体体现，顺应了国际社会行刑社会化的潮流。这是对联合国公约的积极回应，表明了我国负责任大国的态度。②

近年来，各级司法行政机关认真落实《关于组织社会力量参与社区矫正工作的意见》，完善社区矫正工作，有效保障社区矫正对象的合法权益。将社区矫正经费纳入各级财政预算，鼓励引导社会力量参与社区矫正工作，解决好社区矫正对象就业就学和

① 国务院新闻办：《中国司法领域人权保障的新进展》，人民出版社 2016 年版。
② 高铭暄：《社区矫正写入刑法的重大意义》，载于《中国司法》2011 年第 3 期。

社会救助、社会保险等问题，通过各种渠道加强对社区矫正对象的教育帮扶，重视社区矫正对象心理矫治，促进其更好地融入社会。

截至2018年9月，全国已累计接收社区服刑人员412万人，解除矫正342万人，现有社区服刑人员70万人。[①] 社区矫正对象在矫正期间的重新违法犯罪率为0.2%。全国累计建立县（区）社区矫正中心1 339个。现有社区服务基地24 787个，教育基地9 218个，就业基地8 165个，社区矫正小组67.2万个。全国从事社区矫正工作的社会工作者8.3万人，社会志愿者69万人。北京市海淀区社区矫正中心联合5所高校创办中途学院，由高校教师为社区矫正对象提供针对性分类教育。安徽省巢湖市社区矫正中心为社区矫正对象建立心理健康档案，开展咨询服务活动。[②]

① 国务院新闻办：《改革开放40年中国人权事业发展进步》，人民出版社2018年版。

② 国务院新闻办：《中国司法领域人权保障的新进展》，人民出版社2016年版。

第五章

参与全球人权法治体系建构

21 世纪以来，国际形势发生了深刻复杂的变化。在世界多极化、经济全球化、社会信息化和文化多样化的背景下，人类面临诸多共同的人权问题，诸如发展“鸿沟”弥合、生态环境保护、严重自然灾害救助、粮食安全、网络安全、气候变化阻却、难民救助、防止大规模杀伤性武器生产与扩散和反对恐怖主义等，我们主张构建人类命运共同体，建立“共赢共享、共同发展”的人权保障的全球治理规则体系，作为负责任的大国，我们有主动推动规则体系建立的担当。应当承认，在发展进程中各国都存在这样那样有待解决的人权问题。我们反对以某一种价值观和制度模式衡量不同国家的人权保障，尤其反对以双重标准对待不同意识形态的国家，在国际社会挑起对抗。我们主张通过平等对话、交流合作予以解决。中国始终是世界和平的建设者，全球发展的贡献者，国际秩序的维护者。中国政府倡导构建人类命运共同体，积极参与国际人权法治体系建构，认真履行国际人权义务，深入开展司法领域国际合作，推进全球人权事业健康发展。①

① 国务院新闻办：《中国人权法治化保障的新进展》，人民出版社 2017 年版。

一、倡导构建人类命运共同体的全球人权治理理念

人类文明的多样性是世界的基本特征，它决定了人权观也必然是多元的。各种人权观将长期并存，相互联系、相互影响。人权的实现既依靠人类的不懈奋斗，也需要主权国家和国际社会的共同努力。各主权国家和国际组织就人权问题展开广泛而持久的合作，在合作的理念和机制等方面逐步形成共识。中国倡导构建人类命运共同体，以此作为推进全球人权治理的“中国方案”。

（一）构建人类命运共同体是中国参与全球人权治理的基本理念

20 世纪 90 年代初，中国政府提倡人权平等对话，得到国际社会广泛响应[①]。1991 年《中国人权状况》白皮书明确提出：“中国主张在相互理解、求同存异的基础上加深人权领域内的国际合作。”通过平等对话，相互之间加深了解，消除误解，交流经验，并进行人权领域的广泛合作。

进入 21 世纪，中国提出建设持久和平、共同繁荣的和谐世界，这是国际关系和人权保障的新思路。认真研究国际人权规则、人权机构及其运行规则，建立密切交往关系，坚持中国在人权问题上的原则立场，同时保持一定的灵活态度。一直以来，中国与联合国人权特别机制合作，与联合国人权事务高级专员办事处开展技术合作，与联合国粮食及农业组织，联合国教育、科学及文化组织，世界卫生组织，国际劳工组织等专门机构开展交流

① 刘海年：《新中国人权保障发展六十年》，中国社会科学出版社 2012 年版，第 10 页。

与合作，取得了相当的成就。

新时代面对全球化的挑战，中国提出“构建人类命运共同体”的全球人类发展中国方案。这一提议在国际上引起热烈反响，先后被写入联合国人权理事会、联合国安理会等机构的多份决议，正在被越来越多的国家所接受，成为推动包括全球人权治理在内的世界未来发展的“中国方案”，为国际人权理念注入中国智慧。

2011 年 9 月，国务院新闻办公室发表《中国的和平与发展》白皮书，指出“不同制度、不同类型、不同发展阶段的国家相互依存、利益交融，形成‘你中有我、我中有你’的命运共同体”。这是“命运共同体”的概念首次被提出。① 2012 年 10 月，党的十八大报告正式提出了“人类命运共同体意识”，在追求本国利益时兼顾他国合理关切，在谋求本国发展中促进各国共同发展，建立更加平等均衡的新型全球发展伙伴关系，同舟同济，责任共担，增进人类共同利益。

2013 年 3 月 23 日，中国国家主席习近平在莫斯科国际关系学院演讲中首次提出“命运共同体”理念。2015 年 9 月 28 日，习近平在纪念联合国成立 70 周年大会上发表重要演讲，正式提出人类命运共同体的思想，提出“携手构建合作共赢新伙伴、同心打造人类命运共同体”的政治主张。人类命运共同体，是利益、命运和责任共同体，强调全人类利益的整体性和一致性，维护大自然的生存和发展权利，包括政治互信、经济融合、文化包容、人权合作，是包容性的人类国家交往新理念。

2017 年 1 月 8 日，习近平在联合国日内瓦总部“共商共筑人类命运共同体”高级别会议上发表演讲，全面阐述了这一思想

① 《“人类命运共同体”大事记》，载于《人民日报》（海外版）2017 年 7 月 9 日。

的内涵、主要原则和主要内容。[①] 主张共同推进构建人类命运共同体伟大进程，坚持对话协商、共建共享、合作共赢、交流互鉴、绿色低碳，建设一个持久和平、普遍安全、共同繁荣、开放包容、清洁美丽的世界。这些原则和内容同“多元人权观在价值、利益、权力及文化属性等方面交织在一起”，体现了人权的内容和要求[②]。此后不久，2017 年 2 月 10 日，联合国社会发展委员会第 55 届会议协商一致通过“非洲发展新伙伴关系的社会层面”决议，“构建人类命运共同体”理念首次被写入联合国决议中。[③]

2017 年 3 月 23 日，联合国人权理事会第 34 次会议通过关于“经济、社会、文化权利”和“粮食权”的两个决议，明确表示要“构建人类命运共同体”，这是人类命运共同体理念首次载入联合国人权理事会决议。[④] 2018 年 3 月 23 日，联合国人权理事会通过了中国提出的“在人权领域促进合作共赢”决议，这是联合国决议首次同时写入了推动建设新型国际关系和构建人类命运共同体的重大理念。只有通过对话和合作才能更好促进和保护各国的人权事业，有助于提升发展中国家在国际人权领域的话语权和议程设置权，推动全球人权事业的健康发展，拓宽国际人权保障视野，为推进全球人权治理朝着公正合理的方向发展发挥重要作用。

（二）中国推动全球人类生存权与发展权保障提升的实践

平等对话、充分合作，共同塑造全球公平发展的治理规则，

① 习近平：《在联合国日内瓦总部“共商共筑人类命运共同体”高级别会议的演讲》，载于《人民日报》2017 年 1 月 19 日。

② 谷春德、文哲：《略论中国化的马克思主义人权观的理论探究与创新》，载于《人权》2017 年第 6 期。

③ 《安理会决议呼吁各国构建人类命运共同体》，新华网，2017 年 3 月 18 日，http：//www. xinhuanet. com/2017 - 03/18/c_1120651440. htm。

④ 《“构建人类命运共同体”中国理念首次载入联合国人权理事会决议》，载于《人民日报》2017 年 3 月 25 日。

倡导并推进生存权、发展权、和平权等各项人权在世界范围内的实现，是中国推动人类共同发展，改善人类人权状况，特别是发展中国家和特别不发达国家和地区中生活的人类的生存和发展的基本途径。

中国积极参与全球人权治理，在联合国大会、人权理事会等场合提出系列倡议，推动构建公平正义、合理有效的国际人权体系。西方国家长期以来试图通过推进政治权利的改进方式，进而构建国际秩序的方案，存在着巨大的不合理性。[①] 中国反对西方的所谓普世价值，简单地以西方的人权概念和标准作为人类的共同标准，也不向外强制推销自身的价值观，而是寻求价值的交集与共性，融汇成人类共同价值观，那就是“和平、发展、公平、正义、民主、自由”[②]。

中国主张秉持共商共建共享的原则开展对话与合作。共商是前提，各个国家无论大小、强弱都有均等机会参与国际人权事务处理，平等对话、充分合作；共建是方式，提升发展中国家的话语权和参与度，致力于人权保障国际规则的优化；共享是归宿，人人公平地享有发展的成果。

中国愿意主动发展与世界的关系，构建全球发展合作伙伴关系，让各国搭乘中国改革开放的“便车”，体现了人类共同发展的普遍人权精神[③]。

1. 加大发展援助

多年来，中国在减贫、教育、卫生、基础设施、农业生产等领域向亚洲、非洲等发展中国家援建的农业、工业、交通运输、能源电力、信息通信等重大基础设施项目，帮助发展中国家满足

---

① 杨建军：《国家治理、生存权发展权改进与人类命运共同体的构建》，载于《法学论坛》2018 年第 1 期。

② 习近平：《携手构建合作共赢新伙伴　通信打造人类命运共同体——在第七十届联合国大会一般性辩论时的讲话》，载于《人民日报》2015 年 9 月 29 日。

③ 汪习根：《马克思主义人权理论中国化及其发展》，载于《法制和社会发展》2019 年第 2 期。

基础设施建设需求、破除发展瓶颈，在保障当地民众民生权利实现方面发挥了重要作用。

截至2017年，中国先后向亚洲、非洲、拉丁美洲和加勒比、欧洲和大洋洲的72个国家和地区累计派遣医疗队员2.5万人次，诊治患者2.8亿人次[①]，挽救了无数生命，赢得了受援国政府和人民的高度评价。

2. 提升发展能力

中国在“南南合作”框架下稳步扩大对其他发展中国家的援助规模，注重打造或提升区域合作平台，充分借助上海合作组织、“金砖”国家、中国—东盟（10+1）会议、中国—东盟博览会、澜沧江—湄公河合作机制以及中非合作论坛、中拉论坛、中国—阿拉伯国家合作论坛等机制的带动作用，不断提升各国发展能力。

中国提出“一带一路”倡议，发起成立亚洲基础设施投资银行和新开发银行，设立丝路基金和“南南合作”援助基金，设立中国国际发展知识中心，设立“南南合作”与发展学院，支持和帮助受援国增强自主发展能力、减少贫困、改善民生、保护环境，为各国人民发展权的实现创造更好条件。中国在吉布提、斯里兰卡科伦坡、马来西亚关丹的港口、产业、城市融合发展模式得到沿线国家的积极认同。

稳步加大对外援助培训力度，通过举办培训班、派出管理人员和技术专家、派出青年志愿者、提供奖学金名额等方式，为发展中国家举办各类政府官员研修、学历学位教育、实用技术培训以及其他人员交流项目，及时分享发展经验和实用技术。

2013~2017年间，在“一带一路”沿线国家建设的经贸合作区，带动东道国就业超过20万人。“中非十大合作计划”相关

① 国务院新闻办：《改革开放40年中国人权事业的发展进步》，人民出版社2018年版。

项目实施后，将帮助非洲新增约 3 万公里的公路里程、超过 900 万吨/日的清洁用水处理能力，为非洲国家创造近 90 万个就业岗位。其中，蒙内铁路（蒙巴萨港—内罗毕）自 2017 年开通后，拉动肯尼亚国内生产总值增长 1.5% ~2%。中国在上海召开“中国进口博览会”等多项具体措施，都是为了践行参与全球合作、推动全球公平发展付出的努力。①

3. 开展人道救援

改革开放之初，中国的人道主义援助以支援发展中国家应对严重自然灾害为主。2001 年以来，中国逐渐加大对国际人道主义援助体系的参与度，积极参与联合国机构主导的国际人道主义援助活动，援助规模逐年扩大。

自 2004 年以来，中国累计提供国际人道主义援助 300 余次，平均年增长率为 29.4%。所提供援助包括向东南亚国家提供防治禽流感技术援助；就几内亚比绍蝗灾和霍乱，墨西哥甲型 H1N1 流感，非洲埃博拉、黄热病、鼠疫等传染病疫情，伊朗、海地、智利、厄瓜多尔、墨西哥地震，马达加斯加飓风，印度洋海啸，巴基斯坦洪灾，美国卡特里娜飓风，智利山火，加勒比有关国家飓风等提供物资、现汇和人员等人道主义援助等；向朝鲜、孟加拉国、尼泊尔等国提供粮食等人道主义物资援助。2014 年 3 月西非多国爆发埃博拉疫情，中国向受灾地区提供四轮援助，总额达 7.5 亿元人民币，派出专家和医护人员累计超过 1 000 人次。②

中国不断制定并完善有关国际人道主义救援法律法规和工作机制，重视加强与联合国机构和民间组织在人道主义援助领域的合作。1979 年中国加入联合国儿童基金会、世界粮食计划署，恢复了在联合国难民署执委会的活动，并多次向其捐款捐物。中

①② 国务院新闻办：《改革开放 40 年中国人权事业的发展进步》，人民出版社 2018 年版。

国红十字会、中华慈善总会、中国福利会、中国扶贫基金会等社会团体、民间组织和一些企业甚至个人都参与其中，切实向国际社会传达中国积极参与国际人道主义救援、切实维护人权的真实愿望。

二、参与涉人权保障国际规则的制定

从积极参与涉人权保障国际规则的制定，成为相关国际人权公约的成员国，到主动参与创设国际人权规则与机制，中国参与全球人权法治建设逐步发展到了新的阶段，争取为发展中国家获得更多国际人权立法的话语权和议程设置权。

（一）中国参与制定涉人权保障国际规则的主要内容

中国是联合国的创始会员国，参与了《联合国宪章》《世界人权宣言》和一系列国际人权文献的制定工作，为国际人权规则体系发展作出了重要贡献。1947 年联合国人权委员会成立之初，中国代表张彭春参与了《世界人权宣言》的起草过程，将中国儒家文化精神纳入《世界人权宣言》。①

改革开放以来，中国参加了《禁止酷刑和其他残忍、不人道或有辱人格的待遇或处罚公约》《儿童权利公约》《残疾人权利公约》《保护所有移徙工人及其家属权利国际公约》以及《经济、社会及文化权利国际公约》任择议定书等重要人权文件制定工作组会议，为这些规则的起草、修改和完善作出了重要贡献。中国作为主要推动者之一，参与了《发展权利宣言》的起草工

---

① ［瑞典］格德门德尔·阿尔弗雷德松、［挪］阿斯布佐恩·艾德著，中国人权研究组织翻译：《〈世界人权宣言〉：努力实现的共同标准》，四川人民出版社 2000 年版，第 44 页。

作，积极推动联合国人权委员会和人权理事会就实现发展权问题进行全球磋商，致力于推动构建发展权实施机制。

1993 年，中国推动亚洲国家通过《曼谷宣言》。中国作为第二届世界人权大会的副主席国，参加了《维也纳宣言和行动纲领》的起草工作，参与了《和平权利宣言》《消除对妇女一切形式歧视公约》等的制定。1995 年，在北京主办了第四次世界妇女大会。

中国大力推动经济、环境保护、医疗卫生、青少年、儿童保护与发展、网络空间治理、反腐败、禁毒等领域国际合作规则的制定。2006 年以来，中国支持联合国人权理事会设立安全饮用水、文化权、残疾人权利等专题性特别机制；倡导召开关于粮食安全、国际金融危机等的特别会议，积极推动完善国际人权机制。中国是最早参加联合国气候变化大会的国家，全程参与并有效推动国际气候谈判，在以《联合国气候变化框架公约》为主渠道的气候变化国际谈判中发挥建设性作用，为《巴黎气候变化协定》的最终通过做出贡献。中国积极推动联合国《2030 年可持续发展议程》的制定和实施。

（二）推动发展权引入国际人权体系的中国贡献

发展权是一项新型人权，它与民族独立与自主发展相伴而生，是保障人民享有其他人权的基础。正如习近平在联合国发展峰会上指出："面对重重挑战和道道难关，我们必须攥紧发展这把钥匙。唯有发展，才能消除冲突的根源。唯有发展，才能保障人民的基本权利。唯有发展，才能满足人民对美好生活的热切向往"①。公平发展对于希望打破旧的国际经济秩序争取发展民族经济的发展中国家来说，具有特别重大的意义。

---

① 习近平：《谋共同有续发展　做合作共赢伙伴——在联合国发展峰会上的讲话》，人民网，2015 年 9 月 27 日。

源自1969年阿尔及利亚正义与和平委员会发表《不发达国家发展权利》报告，该报告首次提出了“发展权利”主张，指出发展权是一项人权，因为人类没有发展就不能生存。发展权正式作为一种概念，开始引起国际社会共同关注。1972年，塞内加尔第一任最高法院院长、联合国人权委员会委员凯巴·姆巴耶在一篇题为《作为一项人权的发展权》演讲中正式提出“发展权”的概念。[①] 他指出，发展权是一项人权，因为人类没有发展就不能生存。所有的基本权利和自由都与生存权以及不断提高生活水平权相联系，也就是与发展权相联系。发展中国家对此认同度很高，发达国家则有不同看法。发展权问题的提出是发达国家和发展中国家之间的“非均衡性和不平等性日益恶化”的必然产物。[②] 因此，是否在正式的法律文件中引入发展权的概念，国际上争论和分歧一直很多。许多发达国家不承认发展权，其背后有复杂深刻的社会历史原因，[③] 实质上体现了“人权领域的争夺主动权的斗争”。[④]

中国支持联合国通过《关于人权新概念的决议案》和《关于发展权的决议》。联合国《发展权利宣言》在1986年12月正式通过，中国做出了重要贡献。中国一直是联合国人权委员会关于发展权问题决议的共同提案国，积极支持人权委员会关于实现发展权问题的全球磋商和发展权作为单独议题进行审议。中国为发展权的主流化贡献了中国方案。[⑤]推动《联合国千年宣言》和《2030可持续发展议程》的落实，中国做出了自己的努力，发布了《落实2030年可持续发展议程中方立场文件》和《中国落实

①⑤ 戴菁：《坚持以发展促进人权事业进步》，载于《学习时报》2017年7月27日。

② 汪习根：《法治社会的基本人权——发展权法律制度研究》，中国公安大学出版社2002年版，第22页。

③ 戴菁：《全球视野中的发展权与中国的贡献》，载于《中国党政干部论坛》2018年第8期。

④ 庞森：《发展权问题初探》，载于《国际问题研究》1997年第1期。

2030 年可持续发展议程国别方案》。2016 年二十国集团领导人杭州峰会（G20）上共同制定了《二十国集团落实 2030 年可持续发展议程行动计划》《二十国集团支持非洲和最不发达国家工业化倡议》等。

2017 年 6 月 22 日，联合国人权理事会通过中国提出的“发展对享有所有人权的贡献”决议。这是人权理事会历史上第一次就发展问题通过决议。[①] 决议明确构建人类命运共同体是国际社会的共同愿望，确认发展对享有所有人权的重大贡献，呼吁各国实现以人民为中心的发展，在人民中寻找发展动力，依靠人民推动发展，使发展造福人民。决议呼吁各国加强国际合作，全力推进可持续发展，特别是落实 2030 年可持续发展议程，促进全面享有人权。决议欢迎各国进一步推进发展倡议，促进伙伴关系，实现合作共赢和共同发展。

在构建人类命运共同体重大理念指引下，中国提出“发展对享有所有人权的贡献”决议，首次将“发展促进人权”理念引入国际人权体系，反映了发展中国家诉求和心声，得到了各国特别是广大发展中国家的支持和拥护。

三、履行国际人权义务

认真履行国际人权义务，是中国参与全球人权法治的基本途径。通过国内立法、修法和制定政策与国际人权公约相衔接，是中国履行国际人权义务的重要方式，前文已经做了介绍和阐述。履行履约报告义务和参与国际人权事务，积极参与联合国维和行

① 《人权理事会通过中国提出的“发展对享有所有人权的贡献”决议，“发展促进人权”理念首次被引入国际人权体系》，中国驻联合国官网，2017 年 6 月 28 日，http：//www. china－un. ch/chn/dbtzyhd/t1473892. htm。

动，也是履行国际人权义务的重要方面。

中国重视国际人权文件对促进和保护人权的重要作用，已参加《经济社会文化权利国际公约》《儿童权利公约》《残疾人权利公约》《消除对妇女一切形式歧视公约》《消除一切形式种族歧视国际公约》《禁止酷刑和其他残忍、不人道或有辱人格的待遇或处罚公约》等 26 项国际人权公约，并积极为批准《公民权利及政治权利国际公约》创造条件。

（一）及时提交履约报告

根据公约要求，及时提交履约报告是主要的程序性义务。中国一直及时向相关条约机构提交履约报告，全面反映国家履行人权条约的进展、困难和问题，并认真参加条约机构对中国执行条约情况的审议。在审议过程中，与条约机构开展建设性对话，并充分考虑条约机构提出的建议与意见，结合中国国情对合理可行的建议加以采纳和落实。

2012 年，中国执行《残疾人权利公约》首次报告顺利通过审议。2013 年，中国执行《儿童权利公约》第三、第四次合并报告和执行《〈儿童权利公约〉关于儿童卷入武装冲突问题的任择议定书》首次报告顺利通过审议。2014 年，中国接受第二轮国别人权审查报告获得人权理事会核可，中国执行《经济社会文化权利国际公约》第二次履约报告顺利通过审议，中国执行《消除对妇女一切形式歧视公约》第七、第八次合并报告接受消除对妇女歧视委员会审议。2015 年，中国执行《禁止酷刑和其他残忍、不人道或有辱人格的待遇或处罚公约》第六次报告接受禁止酷刑委员会审议。截至 2018 年 8 月，中国已向各条约机构提交履约报告 26 次，总计 39 期，接受审议 26 次。①

① 国务院新闻办：《改革开放 40 年中国人权事业的发展进步》，人民出版社 2018 年版。

同时，中国支持对人权条约机构进行必要改革，促进条约机构与缔约国在相互尊重的基础上开展对话与合作。中国积极推荐专家参选条约机构委员，多名中国专家出任联合国经济、社会和文化权利委员会，禁止酷刑委员会，消除种族歧视委员会，消除对妇女歧视委员会，残疾人权利委员会委员。

（二）积极参与联合国人权事务

中国是联合国的常任理事国，积极介入联合国人权机构运作，参与联合国人权专门机制的建立与运行。

1. 介入联合国人权机构的运作

自 1979 年起，中国连续 3 年作为观察员出席联合国人权委员会会议。1981 年，中国在联合国经社理事会组织会议上当选为人权委员会成员国。自 1982 年起，中国正式担任人权委员会成员国并一直连选连任。自 1984 年起，中国推荐的专家连续当选为防止歧视和保护少数小组委员会的委员和候补委员。自 2006 年 3 月以来，中国四度当选人权理事会成员。同联合国人权高级专员办事处等保持建设性接触，鼓励其客观、公正履职，重视发展中国家关切。多名专家出任联合国人权理事会咨询委员会、形势工作组成员。[①]

2. 与联合国人权专门机制开展合作

为构建公正、客观、透明的国际人权机制，中国积极参与联合国人权专门机制的改革，在设立联合国人权理事会的磋商和最后表决过程中发挥了重要作用。

与人权理事会特别机制开展合作，自 1994 年以来，中国先后邀请宗教信仰自由特别报告员、任意拘留问题工作组、教育权特别报告员、酷刑问题特别报告员、粮食权特别报告员、消除对

① 国务院新闻办：《改革开放 40 年中国人权事业的发展进步》，人民出版社 2018 年版。

妇女歧视问题工作组、外债对人权影响问题独立专家、极端贫困与人权问题特别报告员访华。

认真对待人权理事会特别机制来函，在认真调查的基础上及时答复。深入参与有关人权机制工作，推动多边人权机构以公正、客观、非选择性方式处理人权问题。认真落实中国在人权理事会第一轮、第二轮国别人权审查中接受的建议，积极参与第三轮国别人权审查。鼓励非政府组织积极参与人权理事会等人权机制活动。

（三）参加联合国维和行动

国家或者地区内部以及国际社会维持和平状态，为保障人权提供了基本的前提。而冲突包括武装冲突，甚至发生战争，极大损害冲突国和交战国平民的人身权等基本人权。联合国具有维持和平的职能，根据联合国安全理事会或联合国大会通过的决议，联合国向冲突地区派遣维持和平部队或军事观察团，以恢复或维护和平。有助于防止局部地区冲突的扩大和再起，为实现政治解决创造条件。

随着国际人权运动的发展、联合国安全观的变化和国际安全的现实，促使联合国人权行动增加了保护人权的新职责①。人权的主流化使维护人权成为联合国维和行动中的重要目标②，维和行动成为联合国人权干预的最主要的方式。如今，联合国维和人员中除了军人以外，还包括警察以及人权、法律、民政、经济、新闻和人道主义等各种领域的专业人才，其目的就是帮助发生战乱的国家或地区建立持久的和平与稳定。

在人权保护方面，依据安理会决议的授权，维和行动主要开

---

① 孙洁琬：《冷战后联合国维和行动与人权保护职责探究》，载于《扬州大学学报》2016 年第 2 期。

② 孙萌：《论联合国人权机制的整合》，载于《世界政治与经济》2017 年第 7 期。

展了以下这些活动：对维和任务区的人权状况进行监督、调查和分析并提出报告；通过维和任务区内的预警机制，防止侵犯人权的行为发生，以保护平民；对侵犯人权的行动作出反应，进行干预，包括在责任承担上提供支持；进行各种形式的人权教育，倡导尊重人权的理念；提出人权建议，支持当地的机构改革和能力建设，协助当地政府建立或完善司法体系以及警察部队，为平民提供制度上的权利保障，尽力做到有罪必罚，维护社会秩序公正合理等。①

中国坚定支持并积极参与联合国维和行动，这是中国履行大国责任，以实际行动兑现支持联合国维和行动承诺的重要举措，也是推进世界人权事业发展的重要举措。

1990 年 4 月，中国首次向联合国停战监督组织派遣 5 名军事观察员，这标志着中国开始正式参与联合国维和行动。截至 2018 年 5 月，中国累计向苏丹、黎巴嫩、柬埔寨、利比里亚等国家和地区派出维和军事人员 3.7 万余人次，先后派出维和警察 2 700 余人次，参加了约 30 项联合国维和行动，是联合国安理会常任理事国中派出维和人员最多的国家，是联合国维和行动第二大出资国。2017 年 9 月，中国完成 8 000 人规模维和待命部队在联合国的注册工作。②

四、开展司法领域国际合作

国家之间开展司法领域的合作，共同打击犯罪，以回应犯罪跨国化和国际化的趋势。在反对恐怖主义、打击跨国有组织犯

① 孙洁琬：《冷战后联合国维和行动与人权保护职责探究》，载于《扬州大学学报》2016 年第 2 期。

② 国务院新闻办：《改革开放 40 年中国人权事业的发展进步》，人民出版社 2018 年版。

罪、追诉网络犯罪、惩办毒品犯罪、查处电信诈骗等领域，亟须各国建立起跨国的司法协助机制，进行证据收集、赃款追缴以及犯罪嫌疑人抓捕、追逃、引渡等方面的合作。

（一）司法领域国际合作的主要国际法律机制

中国参与国际公约，建立国家间法律合作机制，有效开展司法领域国际合作。

1. 加入国际公约

我国加入了《海牙送达公约》《海牙取证公约》和《联合国打击跨国有组织犯罪公约》等。

2. 签订双边司法协助条约或者协定

截至2016年，中国已与19个国家签订了民（商）刑事司法协助条约（协定），均已生效；与40个国家签订了刑事司法协助条约（协定），其中32个已生效；与20个国家签订了民（商）事司法协助条约（协定），其中17个已生效。2013～2016年，中国中央机关平均每年处理的各类司法协助请求总数在3 300件以上①。

3. 推动建立国际反腐败合作机制

推动通过《二十国集团反腐败追逃追赃高级原则》《二十国集团2017—2018年反腐败行动计划》，确立以“零容忍、零漏洞、零障碍”为主要内容的反腐败追逃追赃十条原则。依托国际反腐败合作机制，连续组织开展“天网行动”，加大海外追逃、遣返引渡力度。公布百名外逃人员红色通缉令，2014年至2018年9月，共从120多个国家和地区追回外逃人员4 719人，追赃103.72亿元，“百名红通人员”已有54名落网。②

①② 国务院新闻办：《改革开放40年中国人权事业的发展进步》，人民出版社2018年版。

（二）刑事司法合作的国内法律保障

2018 年 10 月 26 日，全国人民代表大会常务委员会通过了《国际刑事司法协助法》，为我国向外国请求刑事司法协助以及接受刑事司法协助请求提供了根本的法律依据，解决了我国国际刑事司法协助法律缺位、部门分工不细、责权不明等问题，推动司法领域国际合作的务实高效开展。

国际刑事司法协助的内容包括刑事案件调查、侦查、起诉、审判和执行的诸多方面，比如法律文书送达、调查取证、安排证人作证、查封扣押冻结涉案财物、没收返还违法所得及其他涉案财物、移管被判刑人员等。因其内容涉及国家主权和司法权等领域，属于法律保留的内容，必须由国家基本法律加以规定。

1. 强调司法主权

国际刑事司法协助不得损害我国主权、安全和社会公共利益，不得违反我国法律，是《国际刑事司法协助法》明确的基本原则。一国的主权表现在司法领域即司法主权，排除外国在我国境内从事刑事诉讼活动。应对近年来多起美国对我国金融机构等进行跨境取证、财产冻结、执行判决等司法行为，该法规定，非经我国主管机关同意，任何外国机构、组织和个人不得在中国进行刑事诉讼活动；国内任何机构、组织和个人不得向外国提供证据材料和本法规定的协助。

2. 建立配合国际条约和双边条约的国内法依据

履行国际条约义务，落实双边条约的约定，都需要国内法的配合。否则在遭遇到条约双方国内法差异的时候，我国缺乏相应的国内法支持，这会影响协助请求的实现程度。在多数双边条约中，都规定了协助追缴财产，一直没有国内法的支撑。《国际刑事司法协助法》明确规定，在符合法律规定的情况下，可以对转移到国外的违法所得采取没收措施，这为我国和外国开展资产追缴合作提供了法律基础。

3. 关注国际刑事司法协助中的诉讼权利保障

在国际刑事司法协助程序中，涉及证人、鉴定人以及被判刑人等刑事诉讼参与人和被追诉者的诉讼权利保障问题。《国际刑事司法协助法》要求预先明确证人、鉴定人的权利，对证人、鉴定人的保护和补助等。该法第三十三条规定，来中华人民共和国作证或者协助调查的证人、鉴定人在离境前，其入境前实施的犯罪不受追诉；除因入境后实施违法犯罪而被采取强制措施的以外，其人身自由不受限制。这是对其证人、鉴定人的保护措施。该法第六十六条规定，被判刑人移管回国后对外国法院判决的申诉，应当向外国有管辖权的法院提出。这条规定明确了被移管归国后的被判刑人申诉权的行使。

（三）国内刑事司法人权保障进步助力司法领域国际合作有效开展

国内刑事司法人权保障的制度进步及其与国际刑事司法准则的接轨，有力推动了司法领域的国际合作。

通过国际司法领域的国际合作机制境外追逃，有多种法律途径，包括引渡、非法移民遣返、异地追诉和劝返等。引渡是出现最早也是最正式的法律途径，但是因为面临诸多限制和障碍，成功的案例很少。[①] 其中主要的争议来自引渡双方国内法律包括刑法和刑事诉讼法的差异，以及案件主审法官等对于我国司法制度和人权保障的主观认知等方面。

历时 8 年最终被成功引渡回国的黄海勇案件，跌宕起伏，争议核心还是“引渡是否会危及黄海勇人身安全”。黄海勇提出了二十次上诉，十次提出人身保护令，两次诉到了秘鲁最高法院，两次提交到了秘鲁宪法法院，三次提交到了美洲人权法院，成为

① 赵秉志、张磊：《黄海勇引渡案法理问题研究》，载于《法律适用（司法案例）》2017 年第 4 期。

中华人民共和国成立以来最复杂的引渡案件。秘鲁对于普通犯罪废除了死刑而我国刑法保留了死刑是引渡中最主要的法律冲突。即使在中国最高人民法院决定、外交部做出外交承诺对黄海勇不判处死刑，引渡程序还是一度被秘鲁宪法法院中止。此案提交给美洲人权法院后，我国派出专家证人出庭就中国的刑事司法制度、引渡制度和人权状况作证。2015 年 6 月，美洲人权法院正式作出判决，判定由于引渡黄海勇回国不存在其被判处死刑和遭受酷刑的风险，所以秘鲁政府可以引渡黄海勇回国。① 本案中，面对国际人权机构，中国与秘鲁密切合作，最终获得了有利的判决结果。这不仅是中国和秘鲁双方国际刑事合作的典范，更是这些年来我国刑事法治发展进步的结果。

五、参加国际执法安全合作

日益突出的恐怖主义、毒品走私、武器贩运、非法移民、跨国犯罪等作为非传统安全领域的主要内容，带来的危害和造成的损失逐渐增多，向世界各国的社会安全提出了严峻挑战。安全问题是事关和平与发展和人类前途命运的重大问题。当前国际社会，安全问题的联动性、跨国性、多样性更加突出，各国都有平等参与国际和地区安全事务的权利，也都有维护国际和地区安全的责任。国际执法合作能够保证国家间打击跨国境犯罪行动的有效性，成为合作打击犯罪非常重要的方式。2003 年《联合国反腐败公约》第四十八条就对国际执法合作有专门规定。② 在维护全球安全与稳定的框架下，打击犯罪与人权保障的平衡也始终是

① 电视专题片《红色通缉》第二集，《织网》。

② 王君祥：《论国际联合执法安全合作》，载于《辽宁大学学报》（哲学社会科学版）2017 年第 7 期。

国际执法安全合作关注的问题。

（一）全球安全治理的中国方案

美国与苏联冷战结束以后，在全球范围内出现了全球化与全球性问题带来的新的全球不安全的问题。这些问题是单个民族国家无法独立解决的，也是传统国际安全的权力结构和规则体系难以容纳和应对的。非国家行为体和私人安保公司成为民族国家之外的重要参与者，全球解决问题的意识凸显，联合国等国际组织和大国的作用对全球安全的意义重大，在这样的背景下，全球安全治理应运而生。① 全球安全治理，体现了安全供应的全球公共物品特质，安全的社会性、多元参与性以及安全的人本主义和星球主义的特征。②

中国作为负责任的大国，提出了全球安全治理的中国方案。2017 年 9 月 26 日，习近平出席国际刑警组织第 86 届全体大会开幕式并发表题为《坚持合作创新法治共赢、携手开展全球安全治理》的主旨演讲，强调中国愿同各国政府及其执法机构、各国际组织一道，高举合作、创新、法治、共赢的旗帜，共同构建普遍安全的人类命运共同体。③

中国倡导国际执法合作和全球安全治理，提出合作、创新、法治、共赢的理念，主张综合安全、共同安全、合作安全、可持续安全的新安全观。合作，强调以合作应对安全挑战、以合作谋求安全稳定，以安全促进和平发展。创新，关注政府、政府间组织、非政府组织、跨国公司和民间社会共同形成安全治理的合力，以治理的系统化、科学化、智能化和法治化增加安全治理的

---

① 肖欢容、张沙沙：《全球安全治理的缘起及挑战》，载于《江西社会科学》2018 年第 11 期。

② Anthony Burke. “*Introduction*”, in Anthony Burke and Rita Parker, eds. , Global insecurity: futures of global chaos and governance. London: Palgrave Macmillan, 2017.

③ 《习近平出席国际刑警组织全体大会开幕式并发表主旨演讲——共同构建普遍安全的人类命运共同体》，载于《人民日报》（海外版）2017 年 9 月 27 日。

预见性、精准性和高效性。法治，要求以国际秩序公正合理、人类社会公平正义为目标完善国际规则，在开展执法安全合作时确保国际法平等统一适用各国国内法。共赢，即全球安全治理不能“以邻为壑”，在谋求自身安全时兼顾他国安全，大国在安全与发展上给予不发达国家和地区更大支持。

（二）我国参与国际执法安全合作的法律机制

国际执法安全合作的主要领域是共同打击恐怖主义、分裂主义、极端主义犯罪和毒品犯罪。党的十八大以来，高度重视国际执法安全合作，秉持合作共赢理念，建立完善务实高效的双多边合作机制，共同推进高效打击跨国犯罪，为维护国家安全和社会稳定、共商共建共享国际执法安全合作网络、推进全球安全治理做出了突出贡献。

1. 与国际组织建立执法安全合作机制

在联合国、国际刑警组织、上海合作组织、东南亚国家联盟、金砖国家等国际和区域性组织框架内加强反恐合作，打击一切恐怖势力。2017 年 9 月 17 日，上海合作组织地区反恐怖机构理事会第三十一次会议在北京举行。会议就完善成员国合作，打击恐怖主义、分裂主义和极端主义领域法律基础等问题通过了一系列决议，决定继续加强联合反恐演习等领域的合作，地区反恐合作领域取得新成果。①

国际刑事警察组织是全球覆盖范围最大、成员数量最多、代表性最广的国际执法合作组织，在深化国际执法安全合作、共同打击犯罪中发挥了重要作用。我国与其开展了广泛的合作。我国每年利用国际刑警组织渠道，与外国警方相互求查案件约 3 000

---

① 《国际执法安全合作务实推进成效显著》，法制网，2017 年 9 月 25 日，http：//www. legaldaily. com. cn/index/content/2017 -09/25/content_7328739. htm？ node = 20908。

起，申请发布国际刑警组织“红色通报”200余份，执行出国办案任务数十个。①

2. 建立双边执法安全合作机制

与有关国家通过高层交往、机制性磋商、签署合作协定等方式加强在反恐问题上的交流与合作，加大对“三股势力”的打击力度。截至2017年9月，公安部已与113个国家和地区建立了密切的执法合作关系，搭建了129个双多边合作机制和96条联络热线，同60多个国家的内政警察部门和相关国际组织签署各类合作文件400余份，初步构建起全方位、立体化、多层次、讲实效的国际执法安全合作工作格局。②

派驻警务联络官是目前世界各国加强国际执法合作的通行做法。我国警务联络官通常是指由公安部派驻到我国驻外使领馆，以外交人员身份代表公安部与驻在国（地区）开展警务联络合作等各项工作的公安民警。我国共在全球31个国家的37个驻外使领馆设有驻外警务联络官编制64人。截至2016年底，各驻外警务联络机构共协助办理各类跨国案件4 460起，协助我国和驻在国缉捕、遣返犯罪嫌疑人1 048名。③2016年5月2日至13日，4名中国警察在意大利街头精彩亮相，与当地警方一同巡逻，处置涉及中国公民的事务。这是中国警方首次与欧洲国家开展此类警务合作。④中国执法部门与他国执法部门共同打击电信网络犯罪、拐卖妇女儿童犯罪等普通犯罪也取得了不小的成就。

3. 建立多边执法安全合作机制

建立多边执法安全合作，开展联合巡逻是各国执法部门合作的深层次发展。2011年10月5日，两艘中国籍货船在湄公河孟

---

①③ 《国际执法安全合作务实推进成效显著》，法制网，2017年9月25日，http：//www.legaldaily.com.cn/index/content/2017－09/25/content_7328739.htm？node＝20908。

②④ 《为全球安全治理贡献中国智慧和力量——我国公安机关国际执法安全合作成效综述》，新华网，2017年9月24日，http：//www.xinhuanet.com//2017－09/24/c_1121716226.htm。

喜岛水域遭遇糯康武装团伙的劫持，13 名中国籍船员罹难。湄公河惨案让中老缅泰四国并肩挽手，团结合作。在中国的倡导下，2011 年 10 月 31 日，中老缅泰四国联合发表了《中国老挝缅甸泰国关于湄公河流域执法安全合作的联合声明》，中老缅泰湄公河流域执法安全合作机制正式建立①。

多年来，湄公河流域执法安全合作已从联合巡航发展为综合执法合作模式，也从单一合作领域拓展到打击非法出入境、拐卖人口、网络犯罪等新的合作领域，成为不同国家开展执法安全合作的成功典范。② 在中老缅泰湄公河流域执法安全合作机制内，持续开展“平安航道”联合扫毒行动。2016 年，在中国承办的第二阶段“平安航道”联合扫毒行动中，中国、老挝、缅甸、泰国、柬埔寨、越南六国共破获毒品刑事案件 6 476 起，抓获犯罪嫌疑人 9 927 人，缴获各类毒品 12. 7 吨、易制毒化学品 55. 2 吨。③

4. 参与国际禁毒合作机制的建立和完善

多年来，国际社会建立了完善的国际禁毒组织体系，形成了以三项公约为基石的国际禁毒体制，制定了应对世界毒品问题的政治宣言和行动计划，取得了令人鼓舞的成果。其中，中国参与起草和制定 1988 年《联合国禁止非法贩运麻醉品和精神药物公约》，也是最早加入该公约的国家之一。中国已经参加了国际体系中几乎所有重要的禁毒国际合作机制。④

中国积极参与国际禁毒合作机制的运行及其完善，增强中国在禁毒领域的作用和影响力。2016 年 4 月 19 日世界毒品问题特别联大在纽约联合国总部开幕，中国代表团出席并在一般性辩论中发言，表达了中国关于应对世界毒品问题的五点主张，承诺落

①② 《为全球安全治理贡献中国智慧和力量——我国公安机关国际执法安全合作成效综述》，新华网，2017 年 9 月 24 日，http：//www. xinhuanet. com//2017 - 09/24/c_1121716226. htm。

③ 国务院新闻办：《中国人权法治化保障的新进展》，人民出版社 2017 年版。

④ 杨焰婵：《中国禁毒国际合作面临的困难和应对》，载于《云南警官学院学报》2014 年第 3 期。

实好会议成果文件。[①] 会议中，各国在三项国际禁毒公约和相关联合国文书框架内，审议落实 2009 年联合国麻醉品委员会高级别会议通过的《关于开展国际合作以综合、平衡战略应对世界毒品问题的政治宣言和行动计划》落实情况，评估现行国际禁毒体制和政策在应对世界毒品问题所获成就和面临的挑战。

① 郭声琨：《携手构建合作共赢伙伴关系　合力推动禁毒事业向前发展——在 2016 年世界毒品问题特别联大一般性辩论上的发言》（2016 年 4 月 19 日，纽约），中国禁毒网，http：//www. nncc626. com/2016 - 04/21/c_128917245. htm。

第六章

党的领导是人权保障法治化的政治保证

在中国的政治生活中，中国共产党居于领导地位。党的领导是中国特色社会主义法治最根本的保证，也是中国实现人权法治化保障的最大优势。自建党以来，中国共产党一直为保障人权而奋斗。共产党保障人权，不仅因为其宗旨是全心全意为人民服务，更在于能自觉按照历史逻辑，立足中国国情，在争取人民幸福和中华民族伟大复兴的过程中，选择正确的人权实现路径①。党的十八大以来，中国共产党坚持“尊重和保障人权”原则，不断加强和改进党对法治工作的领导，坚持依法执政，坚持依法治国和依规治党有机统一，加强党内法规制度建设，在法治建设的各个关键环节上为推进中国人权法治化保障提供强有力的政治保证。

一、人权保障纳入党依法治国基本方略

中国共产党在十五大上首次提出将依法治国作为基本的治国方略，也首次将“尊重和保障人权”写入党的全国代表大会的

① 叶小文：《中国共产党一直为保障人权而奋斗》，载于《人权》2011 年第 4 期。

报告当中。党的十五大报告提出："共产党的执政就是领导和支持人民掌握管理国家的权力，实行民主选举、民主决策、民主管理和民主监督，保障人民依法享有广泛的权利和自由，尊重和保障人权。"党的十六大、十七大报告也明确强调了"尊重和保障人权"的执政目标。

党的十八大提出"加快建设社会主义法治国家"，并将"人权得到切实尊重和保障"作为全面建成小康社会的重要目标。党的十八届三中全会提出"推进法治中国建设"并强调"完善人权司法保障制度"。党的十八届四中全会通过《关于全面推进依法治国若干重大问题的决定》（以下简称《决定》），从 6 个领域、30 个方面对科学立法、严格执法、公正司法、全民守法、法治队伍建设、加强和改进党对全面推进依法治国的领导等各方面提出 190 项重大举措，对加强中国特色社会主义法治体系建设，加快建设社会主义法治国家作出具体部署，明确提出"加强人权司法保障"的各项具体任务。

党的十九大提出必须把党的领导贯彻落实到依法治国全过程和各方面，坚持依法治国和依规治党有机统一，成立中央全面依法治国领导小组，加强对法治中国建设的统一领导，维护国家法制统一、尊严、权威，加强人权法治保障，保证人民依法享有广泛权利和自由。

（一）党领导立法将涉人权立法列为立法工作的重点

领导立法是党领导依法治国的内容之一，它是党领导人民当家做主推进依法治国的具体体现。首先，党通过牵头、参与起草和讨论、向人民代表大会提出建议等方式推动重点领域的立法进程。比如，"尊重和保障人权"写入宪法就是中共中央的建议和推动。其次，党在正式文件中提出具体领域的法律法规"立改废"的建议，如党的十九大报告提出"制定国家监察法"。

党的十八届四中全会《决定》提出要加强重点领域的立法，

特别要“加快完善体现权利公平、机会公平、规则公平的法律制度，保障公民人身权、财产权、基本政治权利等各项权利不受侵犯，保障公民经济、文化、社会等各方面权利得到落实”。强调了加强立法以保障公民基本人权的执政思路。

具体来说，《决定》提出，在政治权利方面，要加强社会主义协商民主制度建设，构建程序合理、环节完整的协商民主体系；在财产权方面，要健全以公平为核心原则的产权保护制度，加强对各种所有制经济组织和自然人财产权的保护；在文化权利方面，建立健全保障人民基本文化权益的文化法律制度，制定公共文化服务保障法；在社会权利方面，完善教育、就业、收入分配、社会保障、医疗卫生、食品安全、扶贫、慈善、社会救助和妇女儿童、老年人、残疾人合法权益等方面的法律法规；在环境权方面，建立约束开发行为和促进绿色发展、循环发展、低碳发展的生态文明法律制度，制定完善自然资源产权法律制度、国土空间开发保护法律制度、生态补偿法律制度、污染防治和海洋生态环境保护法律制度等。

（二）党保证执法，督促政府依法履职，制止公权力对公民人权的侵犯

政府是执法主体，有职责保证法律严格实施。在法律实施的过程中，应严格限制公权力的行使，防止出现有法不依、执法不严、违法不究甚至以权压法、权钱交易、徇私枉法等问题。

《决定》提出加快建设法治政府的任务，并且从 6 个方面提出了具体的内容，即：强化职责法定；要求不得法外设定权力；坚持依法决策；强调严格规范公正文明执法；强化对行政权力的制约和监督；推进政务公开等。

根据党的十八届四中全会提出的“党政主要负责人要履行推进法治建设第一责任人职责”的要求，2016 年 11 月 30 日，中共中央办公厅、国务院办公厅制定的《党政主要负责人履行推进

法治建设第一责任人职责规定》正式实施，标志着法治建设“第一责任人”制度的正式建立。这一制度明确了党政主要负责人在推进法治建设方面的具体职责，特别是其中对于政府主要负责人的6项要求，对于党保证执法的落实具有重要意义。

（三）党支持司法，保障公民司法救济权和诉讼权的有效落实

实现司法公正，提升司法公信力，让人民群众在每一个司法案件中都能感受到公平和正义，是党支持司法的出发点和落脚点。党的十八大以来，在党的领导下，司法体制改革不断深入，我国司法权力配置和司法权力运行机制不断完善，人权司法保障水平有了长足的进步。

《决定》中明确了司法体制改革的总体思路、主要内容和具体措施，涉及公民司法救济权和诉讼权的几乎所有的方面。具体来说，包括获得公正审判的权利、诉讼中的平等权、当事人诉权和其他权利、获得法律援助权、当事人诉讼后权利、司法参与权、知情权、监督权等。比如，《决定》提出，保障人民参与司法。坚持人民司法为人民，依靠人民推进公正司法，通过公正司法维护人民利益。在司法调解、司法听证、涉诉信访等司法活动中保障人民群众参与，表达了以人民为中心的中国特色社会主义人权观。

2019年1月，中共中央颁布《中国共产党政法工作条例》，它以党内法规的形式规范了党对政法工作的领导。该条例明确规定了中央和各级党委政法委领导、支持、监督政法单位在宪法法律规定的职责范围内开展工作，为党支持司法提供了基本的制度遵循。

（四）党带头守法，增强全社会尊重和保障人权的意识

党带头守法首先意味着党在宪法和法律的范围内活动，不得有超越宪法和法律的特权，其次要求党的组织要带头守法，《决

定》要求“党委做促进公正司法、维护法律权威的表率”。要求党员领导干部带头遵守法律、带头依法办事，对法律怀有敬畏之心，牢记法律红线不可逾越、法律底线不可触碰。

“党必须在宪法和法律的范围内活动”最早在1982年写入《中国共产党章程》，具有标志性的重要意义，昭示着党在宪法和法律的范围内开展活动，通过宪法治理党内生活和国家治理。① 1982年宪法“序言”最后一个自然段和“总纲”第五条从不同角度体现了党在宪法和法律范围内活动的原则要求。② 党模范遵守宪法和法律，是保证法律实施的基本前提。“在保证宪法的执行和遵守方面，共产党的领导作用是十分重要的。党领导人民制定宪法，也领导人民坚定不移地实施宪法，一切党组织和党员的活动，都不能同宪法和法律相抵触，并且应该用自己的模范行动教育和引导全体人民严格遵守宪法和法律。中国人民和中国共产党都已深知，宪法的尊严和权威关系到政治的安定和国家的命运，绝不容许对宪法根基进行任何损害。”③

遵守国家法律是党员的义务。《决定》提出要提高党员干部法治思维和依法办事能力，提出具体的措施推动领导干部带头守法，履行推进全面依法治国的职责。一是纳入工作实绩考核体系。把法治建设成效作为衡量各级领导班子和领导干部工作实绩重要内容，纳入政绩考核指标体系。二是纳入干部选任标准体系。把能不能遵守法律、依法办事作为考察干部重要内容，在相同条件下，优先提拔法治素养好、依法办事能力强的干部。对特权思想严重、法治观念淡薄的干部要批评教育，不改正的要调离领导岗位。

党的十八大以来，中共中央政治局先后多次组织以法治为主

---

①② 韩大元：《论党必须在宪法和法律范围内活动原则》，载于《法学评论》2018年第5期。

③ 王叔文：《宪法是治国安邦的总章程》，群众出版社1987年版，第113页。

题的集体学习，要求党的领导干部做尊法学法守法用法的模范，各级党委要重视法治培训，完善学法制度，提升干部法治素养；要求各级领导干部提高运用法治思维和法治方式的能力，努力以法治凝聚改革共识、规范发展行为、促进矛盾化解、保障社会和谐。

二、坚持依法执政与依规治党

法治是党治国理政的基本方式。依法执政，要求党依据宪法法律治国理政，也要求党依据党内法规管党、治党。依法治国和依规治党相统一，二者的协同统一、良性互动、同频共振是实现党对依法治国全面领导的基本原则和经验之一。

（一）健全党领导依法治国的制度和工作机制

《决定》提出，坚持把依法治国基本方略同依法执政基本方式统一起来，把党总揽全局、协调各方同人民代表大会、政府、政协、审判机关、检察机关依法依章程履行职能、开展工作统一起来，把党领导人民制定和实施宪法法律同党坚持在宪法法律范围内的活动统一起来。善于使党的主张通过法定程序成为国家意志，善于使党组织推荐的人选通过法定程序成为国家政权机关的领导人员，善于通过国家政权机关实施党对国家和社会的领导，善于运用民主集中制原则维护中央权威、维护全党全国团结统一。这“三个统一”和“四个善于”为健全党领导依法治国的制度和工作机制提供了基本指导。

比如善于使党的主张通过法定程序成为国家意志。制定了《中共中央关于加强党领导立法工作的意见》，要求起草政治方面以及重大经济社会方面的法律法规，应经过党中央或者同级党委（党组）讨论。强调坚持民主决策、集体领导原则，集体研究决定立法中的重大问题，使党对立法工作的领导进一步制度化、规范化、民主化。

2018 年 3 月，根据《深化党和国家机构改革方案》组建了中央全面依法治国委员会，作为党中央决策议事协调机构负责全面依法治国的顶层设计、总体布局、统筹协调、整体推进、督促落实。成立这个委员会，就是要健全党领导全面依法治国的制度和工作机制，强化党中央在科学立法、严格执法、公正司法、全民守法等方面的领导，更加有力地推动党中央决策部署贯彻落实。也利于研究解决依法治国重大事项、重大问题，协调推进中国特色社会主义法治体系和社会主义法治国家建设，从而推动实现“两个一百年”奋斗目标，为实现中华民族伟大复兴中国梦提供法治保障。

（二）加强党内法规制度建设

全面从严治党是人权的最根本保障。以党章为核心的党内法规体系以中国式的独特表达方式确立了人权价值，将人民主体地位确立为党内法规的基本原则，将全心全意为人民服务这一根本宗旨，在当代进一步诠释和演绎为让“改革发展成果更多更公平地惠及全体人民”，实现“全体人民平等参与平等发展的权利”。①

党内法规制度建设事关全面从严治党、依规治党的目标能否达成，事关党的长期执政和国家长治久安。定良规、重实施、强监督、促公开、实保障，是加强党内法规制度建设，提升党内法规制度执行力，助力党内法规成为全面从严治党有效法度的必然选择②。2013 年 5 月，《中国共产党党内法规制定条例》和《中国共产党党内法规和规范性文件备案规定》陆续发布，中国共产

① 汪习根：《马克思主义人权理论中国化及其发展》，载于《法制和社会发展》2019 年第 2 期。

② 陈一远、肖金明：《加强党内法规制度建设　推动全面从严治党向纵深发展》，载于《光明日报》2018 年 10 月 19 日。

党首次拥有正式的党内“立法法”，为党内法规制度体系建设提供基本依据和规范。

党的十八大以来，先后制定或修订《关于新形势下党内政治生活的若干准则》《中国共产党党内监督条例》等具有标志性、关键性、引领性的党内法规，由党章和准则、条例、规则、规定、办法、细则等构成的党内法规制度体系逐步形成。对新中国成立至2012年6月期间中央党内法规和规范性文件进行了全面清理，在规范党组织工作、活动和党员行为的1 178件党内法规和规范性文件中，经过清理宣布失效369件，废止322件，继续有效487件。[①]

2017年，中共中央印发的《关于加强党内法规制度建设的意见》提出，到建党100周年时，形成比较完善的党内法规制度体系、高效的党内法规制度实施体系、有力的党内法规制度建设保障体系，党依据党内法规管党、治党的能力和水平显著提高。党的十九大提出，加快形成覆盖党的领导和党的建设各方面的党内法规制度体系。目前，各位阶、各领域、各层面、各环节的党内法规制度建设有序展开，以党章为根本、若干配套党内法规为支撑的党内法规制度体系初步成型。截至2018年8月底，现行有效的党内法规约4 200部[②]。

三、支持司法机关依法独立公正行使职权

人民法院、人民检察院依法独立行使审判权、检察权，不受行政机关、社会团体和个人的干涉，这是我国宪法的规定。《决

① 国务院新闻办：《中国人权法治化保障的新进展》，人民出版社2017年版。

② 宋功德：《全方位推进党内法规制度体系建设》，载于《人民日报》2018年9月27日。

定》提出，要完善确保依法独立公正行使审判权和检察权的制度，明确要求各级党政机关和领导干部要支持法院、检察院依法独立公正行使职权。这对于人权法治化保障具有重要价值，从司法体制和司法权力运作机制上保证公民获得公正审判权的实现。

（一）建立领导干部干预司法、插手具体案件处理的记录、通报和责任追究制度

在我国的司法实践中，领导干部干预司法活动是严重影响司法机关独立公正行使职权的重要因素之一。优化司法职权配置，设立巡回法庭、调整案件管辖制度、完善审级制度、建立办案责任制以及建立司法机关内部人员过问案件记录制度和责任追究制度等，是减少干预的重要制度改进。同时，强化党政机关和领导干部干预司法活动的后果也是有效的举措。

《决定》提出，任何党政机关和领导干部都不得让司法机关做违反法定职责、有碍司法公正的事情，任何司法机关都不得执行党政机关和领导干部违法干预司法活动的要求。对干预司法机关办案的，给予党纪政纪处分；造成冤假错案或者其他严重后果的，依法追究刑事责任。为此，2015 年 3 月 18 日印发了《领导干部干预司法活动、插手具体案件处理的记录、通报和责任追究规定》，明确所有干预司法活动、插手具体案件处理的情况都要记录，属于违法干预司法活动、插手具体案件处理的要通报，违法干预造成后果的要追责，保障司法机关依法独立公正行使职权。2015 年中央政法委通报 5 起干预司法活动、插手具体案件处理的典型案件①，2016 年又公布了 7 起典型案件②。

① 《中央政法委首次通报五起干预司法典型案例》，载于《人民日报》2015 年 11 月 7 日。

② 《中央政法委通报七起干预司法典型案件》，载于《人民日报》2016 年 2 月 2 日。

（二）建立健全司法人员履行法定职责保护机制

保护司法人员履行法定职责，非因法定事由，非经法定程序，不得将法官、检察官调离、辞退或者作出免职、降级等处分。这是法治的基本要求，也是支持司法人员公正履行职责、不受非法干扰的制度保障。同时，司法人员及其近亲属的人身安全也值得关注。如果司法人员依法履职，却被当事人或案外人在诉讼或执行中暴力袭击、侮辱、伤害，又如何能够维护公民的基本权利和自由。

2016 年 7 月，中共中央办公厅、国务院办公厅印发《保护司法人员依法履行法定职责规定》，从法官、检察官依法独立行使职权、身份保障、安全保障、责任追究、物质保障等作出了全面系统的规定。最高人民法院于 2017 年发布了《人民法院落实〈保护司法人员依法履行法定职责规定〉的实施办法》，并同步发布司法人员依法履职保障十大典型案例。中国法官协会正式成立法官权益保障委员会。[①] 对保证审判权、检察权的依法独立公正行使发挥积极作用。

（三）处理好舆论监督与公正司法的关系

媒体报道案件，这是媒体的职能也是回应社会对司法活动和案件处理的关切，它对于监督司法机关依法公正履行职责具有重要作用。另外，媒体对案件的报道如果存在不真实甚至捏造事实、抢先对案情做出定性等问题，误导公众，“舆论审判”先于司法审判[②]，不仅影响到诉讼当事人或诉讼参加人诉讼权利的行使，而且在很大程度上可能影响司法公正，影响司法机关独立公

---

① 潘建兴：《依法保护司法人员履职》，人民法院网，2017 年 2 月 10 日，https：//www. chinacourt. org/article/detail/2017/02/id/2541912. shtml。

② 吴雪玲：《舆论监督与司法公正的关系》，载于《政法学刊》2011 年第 5 期。

正行使职权。在药家鑫案件中，原告方代理人通过炒作药家鑫的所谓“军二代”“富二代”身份，其微博、博客中“杀药家鑫是为了维护法律的尊严”等煽情和有攻击性的言论，数万网民、数百份民意调查、上百家媒体争先报道，其中不乏激愤情绪淹没了理性思考，伦理道德判断替代法律分析，法律规则或者制度方面的问题反而不是关注的重心。[①] 此种状况值得反思。

《决定》提出，规范媒体对案件的报道，防止舆论影响司法公正。媒体在案件报道中，也应采取谨慎的态度，遵守职业伦理和新闻报道的法律规范，在案件程序、范围和情节方面保持相应的克制。如不对不公开审理的案件进行报道，保护未成年人合法权利，对不涉及保密的公开环节进行报道，不对尚未判决的案件作出倾向性意见等。[②] 同时，应当加快立法进程，平衡好舆论监督、表达自由与当事人诉权、司法公正等多方权益。

四、优化权力制约和监督的制度构建

权利与权力的对立统一是一切法治关系的轴心，只有依法监督制约权力，才能有效保护权利，让权力更好为人民服务。政治权力是一种非常重要的国家能力，一方面，它是维护安全和秩序、推动创造和发展的重要能动力量。新中国的改革开放和建设事业之所以取得如此令人瞩目的伟大成就，同我们创造了有力、高效的权力体制有直接关系。[③] 但是，另一方面，权力是具有自我扩张性的支配他人的力量，一旦其自我扩张超出法律边界就极

① 魏若：《以法治方式规范案件报道》，载于《人民法院报》2015 年 6 月 26 日。

② 姚万勤、李芝霖：《媒体报道刑事案件应恪守“边界”》，正义网，2016 年 7 月 14 日，http://www.jcrb.com/procuratorate/theories/practice/201607/t20160714_1634005.html。

③ 王绍光：《改革开放、国家能力与经济发展》，光明网，http://topics.gmw.cn/2018-11/06/content_31913855.htm。

有可能损害人民群众的权利。习近平总书记多次指出“要加强对权力运行的制约和监督，把权力关进制度的笼子里”[①]。

（一）加强党内监督的制度建设

党内监督是强化权力运行制约和监督的重要内容和途径之一。习近平指出，党内监督是永葆党的肌体健康的生命之源，要不断增强向体内病灶开刀的自觉性，使积极开展监督、主动接受监督成为全党的自觉行动[②]。让人民监督权力，坚持用制度管权管人管事，是党内监督的基本思路。党的十八大以来，始终坚持加强党内法规制度建设，强化权力运行制约和监督。

《中国共产党党内监督条例》建立了党内监督的制度框架。其明确规定，党的领导机关和领导干部特别是主要领导干部是党内监督的重点对象，构建起党中央统一领导、党委（党组）全面监督、纪律检查机关专责监督、党的工作部门职能监督、党的基层组织日常监督、党员民主监督的党内监督体系。《中国共产党巡视工作条例》将巡视作为党内监督的战略性安排，全覆盖的巡视工作加强了党内监督的有效性。自2014年初至2017年8月，组织开展12轮中央巡视，对277个地方、部门和单位的党组织进行巡视，对16个省区市开展“回头看”，对4个单位进行“机动式”巡视，实现党的历史上首次一届任期内中央巡视全覆盖。[③]

《关于新形势下党内政治生活的若干准则》明确进一步完善权力运行制约和监督机制，形成有权必有责、用权必担责、滥权必追责的制度安排。规定实行权力清单制度、公开权力运行过程和结果、健全不当用权问责机制、加强对领导干部的监督等；要

---

① 《习近平在省部级主要领导干部学习贯彻党的十八届四中全会精神　全面推进依法治国专题研讨班开班式上的讲话》，载于《中国军网》2015年2月3日。

② 《习近平在党的十八届三中全会第二次全体会议上的讲话》，载于《求是》2016年1月1日。

③ 国务院新闻办：《中国人权法治化保障的新进展》，人民出版社2017年版。

求党的各级组织和领导干部必须在宪法法律范围内活动，自觉按法定权限、规则、程序办事，决不能以言代法、以权压法、逐利违法、徇私枉法，保证把人民赋予的权力真正用来为人民谋利益。

（二）衔接党内监督的国家监察制度的创立

当前，我国党和国家监督体系的基本格局，是“党统一指挥、全面覆盖、权威高效的监督体系，把党内监督同国家机关监督、民主监督、司法监督、群众监督、舆论监督贯通起来”，增强监督合力。其中，新创立的国家监察监督衔接党内的纪律检查机关的专门监督，形成具有中国特色的国家监察制度。国家监察制度根据2018年《宪法修正案》和《中华人民共和国监察法》建立，其将反腐败和权力监督纳入法治化的努力，具有人权保障法治化的价值。

1. 依法确立了监察权的法律地位

监察权作为与行政权、审判权、检察权相平行的新型国家权力，其对权力的制约和监督更为有力。在全面从严治党语境下创设国家监察权，形成不敢腐的惩罚机制、不能腐的制度机制和不想腐的预防机制，实现这三者的相互衔接、三位一体、相得益彰，为人权与权力的界分、遏制权力对权利的侵犯，确保二者的良性互动找到了最佳理论支点和制度规范。①

2. 依法确立监察委员会的宪法地位和法定职责

监察委员会是行使国家监察职能的专责机关，规定在《宪法》的“国家机构”章中，为建立集中统一、权威高效的国家监察体系，实现对所有行使公权力的公职人员监察全覆盖奠定宪法基础。

《监察法》明确了监察机关的监督、调查、处置三大职责，

---

① 汪习根：《马克思主义人权理论中国化及其发展》，载于《法制和社会发展》2019年第2期。

为监察委员会履行职责提供了明确的法律依据。具体而言，一是对公职人员开展廉政教育，对其依法履职、秉公用权、廉洁从政从业以及道德操守情况进行监督检查。二是对涉嫌贪污贿赂、滥用职权、玩忽职守、权力寻租、利益输送、徇私舞弊以及浪费国家资财等职务违法和职务犯罪进行调查。三是对违法的公职人员依法作出政务处分决定；对履行职责不力、失职失责的领导人员进行问责；对涉嫌职务犯罪的，将调查结果移送人民检察院依法审查、提起公诉；向监察对象所在单位提出监察建议。

3. 对行使公权力的公职人员监察“全覆盖”

深化监察体制改革的初心，就是要把增强对公权力和公职人员的监督全覆盖、有效性作为着力点，推进公权力运行法治化，消除权力监督的真空地带，压缩权力行使的任性空间。《监察法》第十五条规定了六类公职人员作为监察对象。监察对象的判断标准，主要是其是否行使公权力，所涉嫌的职务违法或者职务犯罪是否损害了公权力的廉洁性。

4. 监察权运行依循程序法治原则

通过程序的正当化来保障结果的公正性，是《监察法》所遵循的基本原则。《监察法》非常重视监察程序的法治化，专章设置了“监察程序”，明确“监察机关严格按照程序开展工作”，同时通过程序细化了履职的具体环节，特别对于留置措施的程序规定，防范了监督权力的恣意行使，体现了对被监察对象的人权保障的关切。

5. 确立了证据裁判原则

证据是监察机关认定相关事实的基础。依法收集证据、非法证据排除是保障被监察对象人权的重要制度安排。《监察法》对监察机关证据收集要求及证据运用的判断标准提出了严格的要求，即监察机关在收集、固定、审查、运用证据的要求和所要达到的标准，与刑事审判的要求和标准一致。证据之间要相互印证、形成完整稳定的证据链。同时，对于证据收集的手段和程序提出了严格的要求，严禁以威胁、引诱、欺骗及其他违法方式收集证据。还确立了非法证据排除规则，即如果采取违法方法收集的证据应予以排除，不得作为案件处置的依据。《监察法》明确规定了全程录音录像制度，取证过程的全程监控有效保障了取证的公开透明。

6. 对监察权运行的监督

监督者也要接受监督，监察权也要受到制约和监督，这是权力制约和监督的题中应有之义。强化对监察委员会权力的监督，确保监察权力在法治的轨道上运行，必须完善监察权力的监督机制。《监察法》规定了人民代表大会监督、司法监督、内部监督、外部监督等多种监督方式。

五、坚决惩治腐败保障人权

坚决惩治腐败，保障人民利益，是维护社会公正，保障人权的重要举措。腐败对人权具有“极为不利的影响”①。腐败对公民生存权、发展权等方面权利的实现都具有不同程度的负面影响，也会对公民个人平等享有政治、文化等方面权利造成影响，司法腐败对公民人身权、财产权等造成不利影响，造成社会不公，对公平正义、社会和谐造成重大破坏。中国共产党以零容忍态度惩治腐败，建立了系统性预防和惩治腐败的制度体系，依法惩处腐败犯罪和职务犯罪，为人权保障创造良好的政治和法治环境。2016 年国家统计局问卷调查结果显示，人民群众对党风廉政建设和反腐败工作的满意度从 2013 年的 81% 增

① *Opening Statement by High Commissioner for Human Rights*：*Panel on* “*The Negative Impact of Corruption on Human Rights*” [EB/OL]. http：//www. ohchr. org/en/NewsEvents/Pages/Display News. aspx？ NewsID = 13131&LangID = e，2013 - 06 - 15.

长到 2016 年的 92.9%。[①]

（一）近年来惩治腐败的主要成效

2012 年以来，中国把反腐败工作的重要性提到新的高度，始终坚持有案必查、有腐必惩，保持惩治腐败的高压态势，查处了一批大案要案，保障了人民利益。

1. 纪检监察系统惩治腐败的情况

党的十八大以来，中央纪委设立 47 家派驻纪检组，实现对 139 家中央一级党和国家机关派驻监督全覆盖。中共中央纪委共立案审查省军级以上党员干部及其他中管干部 440 余人，全国纪检监察机关处分 153.7 万人，其中厅局级干部 8 900 余人，县处级干部 6.3 万人，涉嫌犯罪被移送司法机关处理 5.8 万人。在强有力的执纪震慑下，2016 年有 5.7 万名党员干部主动交代违纪问题。自 2014 年初至 2017 年 8 月，全国共有 6 100 余个单位党委（党组）、党总支、党支部，300 余个纪委（纪检组）和 6 万余名党员领导干部被问责。[②] 2018 年 1 月至 9 月，全国纪检监察机关共立案 46.4 万件，处分 40.6 万人，处分省部级及以上干部 39 人、厅局级干部 2 500 余人、县处级干部 1.7 万人，各项数据均比 2017 年同期有较大增幅，充分印证了全面从严治党越往后越严的态势。[③]

2. 检察院法院系统查处审理职务犯罪的情况

2015 年，各级检察机关共立案侦查职务犯罪案件 40 834 件 54 249 人。其中，查办贪污贿赂、挪用公款 100 万元以上的案件 4 490 件，同比上升 22.5%；查办受贿犯罪 13 210 人、行贿犯罪 8 217 人；查办国家机关工作人员渎职侵权犯罪 13 040 人；查办

①② 国务院新闻办：《中国人权法治化保障的新进展》，人民出版社 2017 年版。

③ 赵兵：《坚决惩腐，巩固发展压倒性胜利》，载于《人民日报》2019 年 2 月 12 日。

事关群众切身利益的征地拆迁、社会保障、教育、医疗、“三农”等民生领域的职务犯罪 20 538 人。2012～2015 年，各级法院共审结贪污贿赂犯罪案件 9.49 万件，判处罪犯 10.02 万人；审结行贿案件 1.03 万件，判处罪犯 9 219 人；审结渎职犯罪案件 2.13 万件，判处罪犯 2.35 万人。其中被告人原为厅局级以上的 381 人，原为县处级以上的 2 269 人。依法判处周永康无期徒刑，剥夺政治权利终身，并处没收个人财产；判处薄熙来无期徒刑，剥夺政治权利终身，并处没收个人财产。[①]

（二）支持公民行使批评、建议、申诉、控告和检举权参与腐败治理

我国《宪法》规定，公民有批评、建议、申诉、控告和检举的权利。批评和建议权的行使针对国家机关和国家机关工作人员，申诉、控告或者检举的权利指向国家机关和国家机关工作人员的违法失职行为。同时，《宪法》规定，对于公民的申诉、控告或者检举，有关国家机关必须查清事实，负责处理。任何人不得压制和打击报复。从《宪法》的规定来看，公民享有的这些权利直接指向国家机关和国家机关工作人员，公民可以在自己的合法权利受到侵害时，向有关国家机关提出申诉，也可以在发现国家机关和国家机关工作人员违法或者失职的情况时提出控告和检举，还可以对国家机关和国家机关工作人员的不当之处提出批评、对不足之处提出建议等。这些权利对于监督公权力保障人权具有重要价值。

我国建立了专门的机构和制度，为公民行使上述权利提供便利，比如根据《信访条例》建立了信访机构和信访制度，受理公民提出的检举控告和意见建议。普遍建立的举报制度和投申诉制度，通过互联网等平台，极大便利了公民上述权利的实现。

---

① 国务院新闻办：《中国司法领域人权保障的新进展》，人民出版社 2016 年版。

在腐败治理方面，公民通过行使批评、建议、申诉、控告和检举权参与到其中，为惩治腐败提供了大量的线索和证据等，也有助于形成治理腐败的良好的社会氛围。中国始终支持和鼓励公民举报消极腐败问题。中国共产党各级纪律检查机关、国家检察机关、监察机关和审计机关等都建立了举报制度，开通了举报电话，设立了举报网站，受理公民的检举和控告。高度重视互联网在发挥公民对执政党和政府进行监督的作用，完善举报网站法规制度建设，为公民利用网络行使监督权力提供便捷畅通的渠道。在鼓励公民举报消极腐败问题的同时，高度重视并采取有效措施维护举报人的合法权益。

结 语

守护人权应成为中国法治的时代品格

通观历史，治国的思想繁多，但概括起来，实质上只有两种：人治与法治。[①] 人权与法治的密切关系，可以从近现代宪法产生及其主要内容和功能得到深切的理解。依法治国首先是依宪治国，实现宪法规范国家权力和保障公民权利的双重功能，而规范国家权力的终极目的还是保护与实现公民权利。保障人权，是法治的逻辑起点和最终目的。依法执政首先是依宪执政，中国共产党作为执政党依据宪法和法律行使执政权，以法治作为党治国理政的基本方式，以人民为中心是社会主义法治国家的逻辑起点，也是最终目的。

中国走出了一条适合中国国情的人权发展道路。这是中国人民历经苦难逐步探索的道路，逐步认可并实现人的价值、基本人权、人格尊严对于个体和社会的共同意义。这是中国人民实现中华民族伟大复兴中国梦逐步探索的道路，人权的本质并不在承认权利、表述权利，其实质内容和目标是人本身，是人的全面发展、以人所结成的社会的全面进步。[②] 人民生存权、发展权的保

---

① 广州大学人权理论研究课题组：《中国特色社会主义人权理论体系论纲》，载于《法学研究》2015 年第 2 期。

② 周力：《守护人权已成为中国法治的新时代品格》，载于《人权》2018 年第 1 期。

障水平显著提高，经济、社会文化权利和公民权利、政治权利全面协调发展。中国将法治、发展和人权结合起来，形成了三位一体的国家治理和发展模式，体现了中国文化的整体性思维特征。[①] 其中，中国法治的发展对于人权的守护，为这些成就的取得奠定了制度基础。

2015 年 9 月 16 日，“北京人权论坛”开幕。习近平发去贺信。信中提及，人权保障没有最好，只有更好[②]。实现人民充分享有人权是人类社会的共同奋斗目标。实现更加充分的人权保障，中国还有很长的路要走，仍面临许多困难和挑战。中国的发展仍处于并将长期处于社会主义初级阶段，发展不平衡不充分问题突出，民生领域还有不少短板，脱贫攻坚任务艰巨，人民在就业、教育、医疗、养老、环境等方面还有更多的期盼，实现更高水平的人权法治化保障，仍有许多工作要做，还有很长的路要走，需要作出长期不懈努力。

新时代为人权保障确立崭新坐标。“加强人权法治保障”作为“尊重和保障人权”理念的重要实现途径，在党的十八大报告中作为一项重要的改革任务被提及。保障人权是现代法治的核心价值诉求，以改革的精神推进人权保障的法治化，法治才能更好地守护人权，抑制专横的权力，人身权、财产权、社会权、环境权更受保障，知情权、参与权、表达权、监督权不断扩大，让改革的发展成果更多更公平地惠及全体人民。坚持把人权的普遍性原则同中国实际相结合，满足人民日益增长的美好生活需求，是中国人权法治的基本品格。[③]

---

① 柳华文：《法治、发展和人权：中国道路的三个基本维度》，载于《人权》2014 年第 6 期。

② 《习近平致“2015 北京人权论坛”的贺信》，新华网，2015 年 9 月 16 日。

③ 周力：《守护人权已成为中国法治的新时代品格》，载于《人权》2018 年第 1 期。

参考文献

1. ［美］昂格尔著，吴玉章等译：《现代社会中的法律》，中国政法大学出版社 1994 年版。

2. 班文战：《国际人权法在中国人权法制建设中的地位和作用》，载于《政法论坛》2005 年第 3 期。

3. 蔡宏伟：《对私有财产权入宪的理解》，载于《法制与经济社会发展》2004 年第 3 期。

4. 常健、郝亚明：《中国人权保障政策研究》，中国社会科学出版社 2016 年版。

5. 常健：《党的领导和带头作用是人权法治化得以落实的坚强保证》，载于《光明日报》2017 年 12 月 16 日。

6. 陈独秀：《东西民族根本思想之差异》，载于《青年杂志》第 1 卷第 4 号。

7. 陈光中、丹尼尔·普瑞方廷：《联合国刑事司法准则与中国刑事法制》，法律出版社 1998 年版。

8. 陈光中：《证据法学》，法律出版社 2013 年版，第 292 页。

9. 陈一远、肖金明：《加强党内法规制度建设　推动全面从严治党向纵深发展》，载于《光明日报》2018 年 10 月 19 日。

10. 褚建国：《让廉洁政府带动“干净社会”》，载于《人民日报》2014 年 2 月 24 日。

11. 戴菁：《坚持以发展促进人权事业进步》，载于《学习时报》2017 年 7 月 27 日。

12. 邓伟志：《变革社会中的政治稳定》，上海人民出版社

1997 年版。

13. 杜钢建：《知情权制度比较研究——当代外国权利立法的新动向》，载于《中国法学》1993 年第 2 期。

14. 《2018 年失信黑名单年度分析报告发布》，中国政府网，2019 年 2 月 19 日，http：//www.gov.cn/fuwu/2019－02/19/content_5366674.htm。

15. 樊崇义、张建伟：《WTO 与刑事诉讼法律制度的改革》，载于《政法论坛》2002 年第 2 期。

16. 樊崇义：《2018 年〈刑事诉讼法〉最新修改解读》，载于《中国法律评论》2018 年第 4 期。

17. 访谈：《以审判为中心的诉讼制度改革：律师的职业定位》，载于《中国法律评论》2016 年第 1 期。

18. 高铭暄：《社区矫正写入刑法的重大意义》，载于《中国司法》2011 年第 3 期。

19. 高一飞：《司法公开是中国对世界人权事业的伟大贡献》，载于《人民法治》2016 年第 11 期。

20. ［美］戈尔丁：《法律哲学》，生活·读书·新知三联书店 1987 年版。

21. 谷春德、文哲：《略论中国化的马克思主义人权观的理论探究与创新》，载于《人权》2017 年第 6 期。

22. 郭道晖：《论以法治官》，载于《新华文摘》1998 年第 10 期。

23. 国务院新闻办：《中国人权状况》，人民出版社 1991 年版。

24. 国务院新闻办：《中国司法领域人权保障的新进展》，人民出版社 2016 年版。

25. 国务院新闻办：《中国人权法治化保障的新进展》，人民出版社 2017 年版。

26. 国务院新闻办：《改革开放 40 年中国人权事业的发展进步》，人民出版社 2018 年版。

27.《国务院办公厅关于印发国务院2019年立法工作计划的通知》(国办发〔2019〕18号)。

28.《国际执法安全合作务实推进成效显著》,法制网,2017年9月25日,http://www.legaldaily.com.cn/index/content/2017-09/25/content_7328739.htm?node=20908。

29.《公众参与环保,不能只是填表》,载于《人民日报》2017年1月13日。

30.《关于十二届全国人大以来暨2017年备案审查工作情况的报告》,全国人民代表大会常务委员会,2017年12月24日。

31.《关于2018年备案审查工作情况的报告》,全国人大法工委,2018年12月24日。

32. 广州大学人权理论研究课题组:《中国特色社会主义人权理论体系论纲》,载于《法学研究》2015年第2期。

33. 韩大元:《宪法文本中人权条款的规范分析》,载于《法学家》2004年第4期。

34. 韩大元:《论当代宪法解释程序的价值》,载于《吉林大学社会科学学报》2017年第4期。

35. 韩大元:《论党必须在宪法和法律范围内活动原则》,载于《法学评论》2018年第5期。

36. 何海波:《从全国数据看新〈行政诉讼法〉实施成效》,载于《中国法律评论》2016年第3期。

37. [德]何意志:《中国的行政法:体制改革还是运动?》,载于[德]平特纳著,朱林译:《德国普通行政法》,中国政法大学出版社1999年版。

38. [德]黑塞著,李辉译:《联邦德国宪法纲要》,商务印书馆2007年版。

39. 郝铁川:《论中国社会转型时期的依法治国》,载于《法学研究》2000年第2期。

40. 胡锦涛:《深化交流合作实现包容性增长》,亚太经合组

71. 苗连营：《合宪性审查的制度雏形及其展开》，载于《法学评论》2018 年第 6 期。

72. 《民法典人格编草案再次亮相》，载于《法制日报》2019 年 4 月 21 日。

73. 《民法学者首次集体公开回应“物权法违宪”质疑》，载于《中国青年报》2006 年 2 月 26 日。

74. 《民生调查局：带薪年假，休起来为啥这么难》，中国新闻网，2018 年 12 月 11 日，http：//mini. eastday. com/a/181211025021362 -4. html。

75. 莫纪宏：《国际人权公约在中国的实施——访中国社会科学院法学所莫纪宏研究员》，载于《人权》2008 年第 1 期。

76. 莫于川：《依法治国方针下的大部制改革及其公法课题》，载于《行政法学研究》2018 年第 6 期。

77. 潘剑锋：《立案登记制与理性诉讼观的培育》，中国法院网，2015 年 4 月 23 日，http：//law. southcn. com/c/2015 -04/23/content_122872740. htm。

78. 潘建兴：《依法保护司法人员履职》，人民法院网，2017 年 2 月 10 日，https：//www. chinacourt. org/article/detail/2017/02/id/2541912. shtml。

79. 戚渊：《论公民权行使的条件》，载龚祥瑞主编《宪政的理想与现实》，中国人事出版社 1995 年版。

80. 乔文心：《司法公开：阳光下正义触手可及》，人民法院网，2018 年 12 月 18 日，https：//www. chinacourt. org/index. php/article/detail/2018/12/id/3613298. shtml。

81. 曲相霏：《人权离我们有多远》，清华大学出版社 2015 年版。

82. 《全国人民代表大会内务司法委员会关于〈中华人民共和国残疾人保障法〉立法后评估的报告》，中国人大网，2012 年 8 月 30 日，http：//www. npc. gov. cn/npc/xinwen/2012 -08/30/

content_1735375. htm。

83.《全国首例侵犯烈士名誉权公益诉讼宣判》，人民网，2018 年 6 月 13 日，http：//gongyi. people. com. cn/n1/2018/0613/c151132 – 30054354. html。

84.《让行政决策权在阳光下运行——司法部详解〈重大行政决策程序暂行条例〉》，新华网，2019 年 5 月 16 日，http：//www. xinhuanet. com//2019 – 05/16/c_1124504634. htm。

85. 桑玉成、周光俊：《论制度成熟：价值品相路径》，载于《上海行政学院学报》2017 年第 5 期。

86. 沈定成、孙永军：《司法公开的权源、基础及形式——基于知情权的视角》，载于《江西社会科学》2017 年第 2 期。

87. ［日］实藤惠秀著，谭汝谦、林启彦译：《中国人留学日本史》，生活·读书·新知三联书店 1983 年版。

88. 石佑启：《论私有财产权的人权属性及在人权体系中的地位》，载于《河北法学》2007 年第 3 期。

89.《十三届全国人大常委会立法规划》，中国人大网，2018 年 9 月 10 日，http：//www. npc. gov. cn/npc/xinwen/2018 – 09/10/content_2061041. htm。

90.《十一届全国人大常委会首次审议立法后评估报告》，中央政府门户网站，2011 年 6 月 27 日，ww. gov. cn/jrzg/2011 – 06/27/content_1894147. htm。

91. ［英］斯坦、香德著，王献平译：《西方社会的法律价值》，中国人民公安大学出版社 1990 年版。

92. ［日］寺泽一、山本草二著，朱奇武等译：《国际法基础》，中国人民大学出版社 1983 年版。

93.《四中全会〈决定〉：设立陪审员遴选机制》，新浪网，2014 年 10 月 28 日，http：//news. sina. com. cn/c/2014 – 10 – 28/213731059094. shtml。

94. 宋冰：《程序、争议与现代化——外国法学家在华演讲录》，中国政法大学出版社 1998 年版。

95. 宋惠昌：《法治精神：现代社会的政治信仰》，载于《理论视野》2017 年第 5 期。

96. 宋功德：《全方位推进党内法规制度体系建设》，载于《人民日报》2018 年 9 月 27 日。

97. 孙世彦：《腐败如何损害人权》，载于《法治与社会发展》2013 年第 6 期。

98. 孙洁琬：《冷战后联合国维和行动与人权保护职责探究》，载于《扬州大学学报》2016 年第 2 期。

99. 孙萌：《论联合国人权机制的整合》，载于《世界政治与经济》2017 年第 7 期。

100. 谭世贵：《国际人权公约与中国法制建设》，武汉大学出版社 2007 年版。

101. 童兵：《西方国家舆论监督理念与制度的演变》，载于《新闻爱好者》2007 年第 20 期。

102. ［美］托马斯·杰弗逊著，朱曾汶译：《杰弗逊选集》，商务印书馆 1999 年版。

103. 王家福、刘海年：《中国人权百科全书》，中国大百科全书出版社 1998 年版。

104. 王铁崖：《国际法》，法律出版社 1981 年版。

105. 王叔文：《宪法是治国安邦的总章程》，群众出版社 1987 年版。

106. 王锡锌：《行政程序法理念与制度研究》，中国民主法制出版社 2007 年版。

107. 王海光：《“彻底的唯物主义者”的风范——邓小平与平反冤假错案》，载于《中共党史研究》2004 年第 5 期。

108. 王利明：《人格权法中的人格尊严价值及其实现》，载于《清华法学》2013 年第 5 期。

109. 王万华：《行政程序法研究》，中国法制出版社 2000 年版。

110. 王禄生：《这五年刑事辩护率提升了吗？基于303万份文书的挖掘》，搜狐网，2018年11月23日，http：//www.sohu.com/a/277310731_120032。

111. 王君祥：《论国际联合执法安全合作》，载于《辽宁大学学报》（哲学社会科学版）2017年第7期。

112. 王绍光：《改革开放、国家能力与经济发展》，光明网，http：//topics.gmw.cn/2018－11/06/content_31913855.htm。

113. 王四新：《中国法律对表达自由的保护》，载于《人权》2009年第5期。

114. 汪习根：《马克思主义人权理论中国化及其发展》，载于《法制和社会发展》2019年第2期。

115. 汪习根：《着力提升中国发展权话语体系的国际影响力》，载于《红旗文稿》2016年第12期。

116. 汪仲启：《制度成熟的关键是对“规则”形成共识》，载于《社会科学报》2017年4月20日第3版。

117. 汪进元等：《〈国家人权行动计划〉的实施保障》，中国政法大学出版社2014年版。

118. 魏若：《以法治方式规范案件报道》，载于《人民法院报》2015年6月26日。

119. 《为全球安全治理贡献中国智慧和力量——我国公安机关国际执法安全合作成效综述》，新华网，2017年9月24日，http：//www.xinhuanet.com//2017－09/24/c_1121716226.htm。

120. 翁岳生：《行政法》，中国法制出版社2009年版。

121. 吴德星：《法治的理论形态与实现过程》，载于《法学研究》1996年第5期。

122. 《物权法草案因公开信搁浅学界首度回应违宪质疑》，载于《法制日报》2006年2月28日。

123. 吴琪：《重庆“钉子户”事件背后》，载于《三联生活周刊》2007年第13期。

124. 吴雪玲：《舆论监督与司法公正的关系》，载于《政法学刊》2011 年第 5 期。

125. 吴洪淇：《刑事证据制度变革的基本逻辑——以 1996—2017 我国刑事证据规范为考察对象》，载于《中外法学》2018 年第 1 期。

126. 习近平：《携手构建合作共赢新伙伴　同心打造人类命运共同体——在第七十届联合国大会一般性辩论时的讲话》，载于《人民日报》2015 年 9 月 29 日。

127. 习近平：《在联合国日内瓦总部“共商共筑人类命运共同体”高级别会议的演讲》，载于《人民日报》2017 年 1 月 19 日。

128. 《习近平出席国际刑警组织全体大会开幕式并发表主旨演讲——共同构建普遍安全的人类命运共同体》，载于《人民日报海外版》2017 年 9 月 27 日。

129. 夏勇：《人权概念起源——权利的历史哲学》，中国社会科学出版社 2007 年版。

130. 夏锦文、秦策：《法学与法制现代化：世纪之交的时代课题——“20 世纪中国法学与法制现代化”学术研讨会综述》，载于《法律科学》1999 年第 2 期。

131. 肖金明、冯威：《行政执法过程研究》，山东大学出版社 2008 年版。

132. 肖欢容、张沙沙：《全球安全治理的缘起及挑战》，载于《江西社会科学》2018 年第 11 期。

133. 西塞罗著，徐奕春译：《论老年论友谊论责任》，商务印书馆 1998 年版。

134. 郭声琨：《携手构建合作共赢伙伴关系　合力推动禁毒事业向前发展——在 2016 年世界毒品问题特别联大一般性辩论上的发言》2016 年 4 月 19 日（纽约）。中国禁毒网，http：//www.nncc626.com/2016 -04/21/c_128917245.htm。

135. 徐显明：《〈人权研究〉集刊序》，载于《人权研究》

山东人民出版社 2013 年版。

136. 徐显明:《日本社会福利法制概论》, 商务印书馆 2010 年版。

137. 徐梦秋:《机会的公平和规则的公平》, 载于《光明日报》2016 年 4 月 27 日。

138. 许可:《人工智能的算法黑箱与数字正义》, 载于《社会科学报》2018 年 3 月 29 日。

139. 严复:《法意》, 台湾商务印书馆 1977 年版。

140. 严维耀:《英国学者斯坦默斯论自由主义人权观念的演变》, 载于《国外理论动态》1993 年第 24 期。

141. 燕继荣:《论政治合法性的意义和实现途径》, 载于《学海》2004 年第 4 期。

142. 杨宇冠:《完善人权司法保障制度研究》, 中国人民公安大学出版社 2016 年版。

143. 杨焰婵:《中国禁毒国际合作面临的困难和应对》, 载于《云南警官学院学报》2014 年第 3 期。

144. 杨建军:《国家治理、生存权发展权改进与人类命运共同体的构建》, 载于《法学论坛》2018 年第 1 期。

145. 姚国建:《论宪政背景下的公民财产权刑法保护制度》, 载于《法学研究》2006 年第 2 期。

146. 姚万勤、李芝霖:《媒体报道刑事案件应恪守"边界"》, 正义网, 2016 年 7 月 14 日, http: //www. jcrb. com/procuratorate/theories/practice/201607/t20160714_1634005. htm。

147. 叶小文:《中国共产党一直为保障人权而奋斗》, 载于《人权》2011 年第 4 期。

148. 亓同惠:《共和自由主义的可能性——读达格的〈公民德性〉》, 载于《读书》2019 年第 5 期。

149. 应松年:《当代中国行政法》, 中国方正出版社 2005 年版。

150. 应松年:《修改行政诉讼法势在必行》, 载于《法制日报》2002 年 3 月 3 日。

151. 张雪莲:《国际人权公约在我国法院的适用》, 载于《广州大学学报》2018 年第 9 期。

152. 张翔:《公共利益限制基本权利的逻辑》, 载于《法学论坛》2005 年第 1 期。

153. 张宏博、武天义:《没收财产性适用的困境与出路探析——以 200 份没收财产刑裁判文书为研究样本》, 载于《中国检察官》2018 年第 9 期。

154. 张剑平、陈剑清:《论我国宪法解释制度的体系化改造》, 载于《长春师范大学学报》2018 年第 7 期。

155. 张继红:《信息权保护是大数据治理中最为核心的一环》, 载于《社会科学报》2018 年 6 月 28 日。

156. 张建伟:《尊重司法规律性, 祛除司法行政化》, 人民法院网, 2017 年 7 月 14 日, https: //www. chinacourt. org/article/detail/2017/07/id/2921414. shtml。

157. 赵秉志、张磊:《黄海勇引渡案法理问题研究》, 载于《法律适用 (司法案例)》2017 年第 4 期。

158. 赵兵:《坚决惩腐, 巩固发展压倒性胜利》, 载于《人民日报》2019 年 2 月 12 日。

159. 甄树青:《论表达自由》, 社会科学文献出版社 2000 年版。

160. 郑杭生:《人权新论》, 中国青年出版社 1993 年版。

161. 郑志刚:《晚清的 "经济增长奇迹"》, 载于《读书》2019 年第 2 期。

162. 周子伦:《马克思、恩格斯人的自由而全面发展思想解读——隐喻研究视角》, 载于《改革与战略》2017 年第 12 期。

163. 周力:《守护人权已成为中国法治的新时代品格》, 载于《人权》2018 年第 1 期。

164.《周光权代表: 五措并举大幅提高刑事案件证人出庭率》, 财新网, 2019 年 3 月 9 日, http: //china. caixin. com/2019 -

03 -06/101388061. html。

165. 邹文海：《各国政府与政治》，国立编译馆1980年第8版。

166. 朱学勤：《从马嘎尔尼访华到中国加入WTO》，载于《南方周末》2001年11月29日。

167. 《最高检：全国一年内清理1800余件超期羁押案件》，中国新闻网，2015年9月21日，http：//www. chinanews. com/gn/2015/09 -21/7535957. shtml。

168. 最高人民法院行政审判庭编：《行政执法与行政审判参考》(第1辑)，法律出版社2000年版。

169. 《最高人民法院关于深化司法公开、促进司法公正情况的报告》，人民法院网，2016年11月18日，https：//www. chinacourt. org/article/detail/2016/11/id/2338279. shtml。

170. 《最高人民法院工作报告》(2018年)。

171. 《最高人民法院工作报告》(2019年)。

172. 《中央政法委首次通报五起干预司法典型案例》，载于《人民日报》2015年11月7日。

173. 《中央政法委通报七起干预司法典型案件》，载于《人民日报》2016年2月2日。

174. Anthony Burke. "*Introduction*", in Anthony Burke and Rita Parker, eds. , Global insecurity：futures of global chaos and governance [M]. London：Palgrave Macmillan，2017.

175. Opening Statement by High Commissioner for Human Rights：Panel on "The Negative Impact of Corruption on Human Rights" [EB/OL]. http：//www. ohchr. org/en/NewsEvents/Pages/Display News. aspx? NewsID = 13131&LangID = e，2013 -06 -15.

176. Warren Freedman，*The Right of Privacy in the Computer Age*，Quorum Books，Greenwood Press，1987.

177. World Bank. *Helping Countries Combat Corruption*：The role of the World Bank，1997，P. 8.